JN013863

初級テキスト

韓国語の友

稲毛恵・姜勝薫・永原歩 著

白帝社

本書の音声について

❖『韓国語の友』の音声ファイル（MP3）を無料でダウンロードすることができます。
「白帝社　韓国語の友」で検索、または下記サイトにアクセスしてください。

https://www.hakuteisha.co.jp/news/n46493.html

・スマートフォンからアクセスする場合はQRコードを読み取ってください。

❖吹き込み：車妍京・宋和龍

❖本文中の🎤マークの箇所が音声ファイル（MP3）提供箇所です。ＰＣや
スマートフォン（別途解凍アプリが必要）などにダウンロードしてご利用ください。

＊ デジタルオーディオプレーヤーやスマートフォンに転送して聞く場合は、各製品
の取り扱い説明書やヘルプによってください。

＊ 各機器と再生ソフトに関する技術的なご質問は、各メーカーにお願いいたします。

＊ 本テキストと音声は著作権法で保護されています。

　この本は、大学の第2外国語の授業で使うことを目的に執筆しました。1つの課を1コマの授業である程度ゆとりを持って終えられるようにコンパクトにし、週2コマの授業なら1年間、週1コマの授業なら2年間で終えることを想定しています。語彙数は全体で1000程度とそれほど多くはありませんが、まずこの本に出ている文法や語彙をしっかり学び、さらに中級、上級を目指す足掛かりとしてほしいと思います。

　本の執筆にあたっては、2019年度から2021年度の3年間、東京女子大学の初級の授業で使用した試行版をもとに作成しました。試行版を授業で使いながら、先生方のご助言や学生の質問をもとに1つ1つ丁寧に修正を重ねてまいりました。東京女子大学で初級を担当して下さっている、生越直樹先生、李泓馥先生、申奎燮先生、荻野千尋先生、水嶋裕子先生、鄭宇鎮先生、長利光姫先生には多くのご助言、ご指摘を頂きました。また以前ご担当してくださっていた神谷丹路先生にも貴重なご助言、ご指摘を多く頂きました。また、授業に参加してくれた学生の皆さんからは、わかりにくい部分や難しい部分についての質問、ご指摘を頂きながら改良を重ねてきました。この場を借りて感謝申し上げます。

　この20年余り、日本では韓国の大衆文化が人気を集め、特に若い世代の間では韓国の文化が自然に受け入れられるようになってきました。両国の人々の間でさらなる交流が進み、よりよい未来に向かっていってほしいと思います。そのためにも、この本で皆さんが韓国語を学び、韓国の文化を知り、楽しみ、さらに深く知るきっかけとして頂けたら、著者としてこれ以上の喜びはありません。

　最後に、白帝社の伊佐順子さん、中村有里さんには、試行版の作成の時から、いつも温かくご丁寧に対応して頂き、的確なご助言を頂きました。改めて深く感謝申し上げます。お二人のお力添えがなければ、この本の完成はなかったと思います。

2022年3月

著者一同

教科書の使い方と韓国語学習の方法

第1部　文字編

　韓国語は、まず文字を覚えなくてはなりません。第1部では文字の読み方、発音の最低限のきまり、日本語の固有名詞をハングルで表記する方法などを学びます。ここでしっかり頑張っておくと後が少し楽になると思います。繰り返し読んだり書いたりしながら文字を覚えましょう。第1部の語句は巻末の語句リストには特に入れていません。まずは発音できることを優先してください。

　＊この本では、実際の表記と発音が異なる場合の発音は〔　　　〕のように括弧で示します。

第2部　文法編

　文の組み立て方を学びます。韓国語は語順が日本語とほぼ同じなので学びやすいと思います。第2部の各課の構成は以下のようになります。

・キーフレーズ

　　その課で学ぶ文法を含んだ短い文です。まずはこのキーフレーズを覚え、読んだり、訳したり、書いたりできるようになることを目指しましょう。学習した後の復習でもここをまずチェックするようにするとよいでしょう。

・POINTと練習

　　各課の学習項目について説明とその練習問題です。まずは説明を見ながら形を作ってみることが大事です。そして必ず発音をしてみましょう。

・会話

　　各課で学んだ文法が含まれた会話文です。まず一通り読んでみて意味がわかるかどうか確認してください。音読をして発音も確認しましょう。意味や発音がわからない部分があったら印をつけておいて、理解できるようにしましょう。

・総合練習

　　POINTと練習で学習項目を理解したら、総合練習で再度確認をします。

・作文練習

　　学習した内容を使って、日本語を韓国語に直す練習です。問題ができたら、自由に単語を入れ替えたりしながら、さらに多くの文を作ってみましょう。

・語句

　　文法編では、助詞やPOINTで説明した文法にかかわるもの以外の語句をページの下部に掲載しました。スペースの関係上、当該ページへの掲載が難しい場合は次のページに掲載しました。新出語句には網掛けをしてあります。網掛けのない語句は再掲です。また、「覚えよう」の語句は掲載していませんが、覚えるようにしましょう。

・覚えよう

　　POINTで取り上げた項目以外に、初級で覚えるべき大事なことや、補足的な項目について取り上げてあります。

・復習

　　第15課、第22課、第36課、第44課は復習の課となっています。文型練習で学習した内容を確認しましょう。また応用練習で文章を作ってみましょう。

・発音のきまり

　　巻末の「発音のきまり」では、発音規則について説明をしています。各課に出てきた発音変化について、ここで確認します。

・巻末語句リスト

　　第2部に出てきた新出の語句を、「課別」「韓日（韓国語→日本語）」「日韓（日本語→韓国語）」の3つのリストにまとめました。語句を覚えたかどうかのチェックや、忘れてしまった語句の確認にお使いください。

目次

第1部
文字編

第1課

概要と基本母音

はじめに：韓国語とは？ハングルとは？

（1）文字と言語

　この本では、ソウルを中心として使われている言語を指して、現在の日本で最も広く使われている「韓国語」という名称を使います。実際は韓国語も北朝鮮（朝鮮民主主義人民共和国）で使われている言語も語彙や元々の方言による違いはあるものの同じ言語です。お互い通訳なしでコミュニケーションをとることが可能です。

「ハングル（한글）」とは、韓国語で使われている文字を指します。ハングルの「ハン」は「偉大な」、「グル」は「文字」という意味で、「偉大な文字」という意味があります。

（2）ハングルの歴史

　ハングルは、朝鮮王朝第4代世宗大王（図参照）が学者たちと共に1443年に作りました。そして、1446年『訓民正音（フンミンジョンウム）』という本を通じて広められました。

　朝鮮では、それまで漢文を用いて文書を書いていましたが、漢字は一部のエリートのみが使える文字でした。ハングルができたことによって、教育を受ける機会に恵まれなかった庶民も読み書きが学びやすくなったと言われています。

（3）韓国語・朝鮮語が使われている地域

　現在、朝鮮半島（大韓民国・朝鮮民主主義人民共和国）以外に、中国の朝鮮族自治州、使用者は少ないですが、アメリカ、日本などをはじめ世界各国に住む韓国・朝鮮系の人々の間で使われています。

POINT1 **ハングルのしくみ**

　ハングルは表音文字（音を表す文字）です。文字を組み合わせて読みます。その組み合わせ方は、左右、上下などがあり、母音の種類によって決まっています。以下は組み合わせの例です。

$$ㄱ(k) + ㅏ(a) \qquad = 가(ka)$$
$$ㄱ(k) + ㅜ(u) \qquad = 구(ku)$$
$$ㄱ(k) + ㅘ(wa) \qquad = 과(kwa)$$
$$ㄱ(k) + ㅏ(a) + ㄴ(n) = 간(kan)$$

＊文字の組み合わせのうち、1番目を「初声」、2番目を「中声」、3番目を「終声（パッチム）」
　と呼びます。
＊많や닭などのように下（終声）に子音が2つ並ぶこともあります。

POINT2 **基本母音**

1-1

　基本の母音を表す文字は全部で10ありますが、これらは部品のようなものであり、単独で文字を構成することができません。ここでは辞書で提示されている順序で紹介します。

$$ㅏ \quad ㅑ \quad ㅓ \quad ㅕ \qquad ㅗ \quad ㅛ \quad ㅜ \quad ㅠ \qquad ㅡ \quad ㅣ$$

　母音を表記する時は、以下のように母音の左や上に○を付けます。この○は、無音の子音でここでは音がありません。つまりここでの組み合わせは母音の音だけを表します。（○は発音しません。）

$$아 \quad 야 \quad 어 \quad 여 \qquad 오 \quad 요 \quad 우 \quad 유 \qquad 으 \quad 이$$

　発音は以下の通りです。カタカナは補助的なものなので、正しい発音は先生の発音やテキストの音声をよく聞きながら練習しましょう。

아 [a]　：日本語の「ア」と同じようにはっきり発音。

야 [ja]　：日本語の「ヤ」と同じように発音。

어 [ɔ]　：「아」と同じ口の形で「オ」

여 [jɔ]　：「어」と同じ口の形で「ヨ」

오 [o]　：口を丸くすぼめて「オ」

요 [jo]　：「오」と同じ口の形で「ヨ」

우 [u]　：口を丸くすぼめて「ウ」

유 [ju]　：「우」と同じ口の形で「ユ」

으 [ɯ]　：日本語の「イ」と言うときのように口を横に引いて「ウ」

이 [i]　：日本語の「イ」をはっきり発音

練習 次の単語を書いて発音してみましょう。

1-2

1. 子ども　　아이　　⋯⋯⋯⋯⋯⋯⋯⋯⋯⋯　⋯⋯⋯⋯⋯⋯⋯⋯⋯⋯

2. 牛乳　　　우유　　⋯⋯⋯⋯⋯⋯⋯⋯⋯⋯　⋯⋯⋯⋯⋯⋯⋯⋯⋯⋯

3. きゅうり　오이　　⋯⋯⋯⋯⋯⋯⋯⋯⋯⋯　⋯⋯⋯⋯⋯⋯⋯⋯⋯⋯

4. きつね　　여우　　⋯⋯⋯⋯⋯⋯⋯⋯⋯⋯　⋯⋯⋯⋯⋯⋯⋯⋯⋯⋯

5. 余裕　　　여유　　⋯⋯⋯⋯⋯⋯⋯⋯⋯⋯　⋯⋯⋯⋯⋯⋯⋯⋯⋯⋯

挨拶や簡単なフレーズ①

次の挨拶やフレーズを言ってみましょう。まだ学んでいない文字もありますが、音声を聞いてまねして言ってみましょう。

1. こんにちは。 　　　　　　　　　　　　　　　안녕하세요.

2. さようなら。 　　　　　　　　　　　　　　　안녕히 가세요. (去る人に)

　　　　　　　　　　　　　　　　　　　　　　　안녕히 계세요. (残る人に)

3. ありがとうございます。 　　　　　　　　　　감사합니다. / 고맙습니다.

4. すみません。(お店などで店員さんを呼ぶとき) 　여기요! / 저기요!

5. 大丈夫です。 / 構いません。 　　　　　　　　괜찮아요.

基本子音

POINT1 基本子音の概略

　基本の子音を表す文字は全部で14ありますが、これらも部品のようなものであり、単独で文字を構成することができません。第1課で学んだ母音を合わせて、初めて文字として成り立ちます。ここではひとまず辞書に提示されている順序で紹介します。

ㄱ ㄴ ㄷ ㄹ ㅁ ㅂ ㅅ ㅇ ㅈ ㅊ ㅋ ㅌ ㅍ ㅎ

　ㅏの母音と合わせて書くと以下の通りです。ㅏを付けるときは子音が左、ㅏが右になるように書きます。

가 나 다 라 마 바 사 아 자 차 카 타 파 하

　発音は以下のとおりです。カタカナは補助的なものなので、正しい発音は先生の発音やテキストの音声をよく聞きましょう。

가 [ka, ga]	：カ、ガ		아 [a]	：ア
나 [na]	：ナ		자 [tʃa, dʒa]	：チャ、ジャ
다 [ta, da]	：タ、ダ		차 [tʃʰa]	：チャ
라 [ra]	：ラ		카 [kʰa]	：カ
마 [ma]	：マ		타 [tʰa]	：タ
바 [pa, ba]	：パ、バ		파 [pʰa]	：パ
사 [sa]	：サ		하 [ha]	：ハ

> 나 [na] ：日本語のナ行音と似ている
> 라 [ra] ：日本語のラ行音と似ている
> 마 [ma] ：日本語のマ行音と似ている
> 사 [sa] ：日本語のサ行音と似ている

　上の4つの文字は日本語の発音と似ています。それぞれ組み合わせる母音によって発音が変わるので、練習に出てくる単語などをたくさん発音してみましょう。

子音 ＼ 母音		ㅏ [a]	ㅑ [ja]	ㅓ [ɔ]	ㅕ [jɔ]	ㅗ [o]	ㅛ [jo]	ㅜ [u]	ㅠ [ju]	ㅡ [ɯ]	ㅣ [i]
ㄴ	[n]	나	냐	너	녀	노	뇨	누	뉴	느	니
ㄹ	[r, l]	라	랴	러	려	로	료	루	류	르	리
ㅁ	[m]	마	먀	머	며	모	묘	무	뮤	므	미
ㅅ	[s, ʃ]	사	샤	서	셔	소	쇼	수	슈	스	시

★ただし、それぞれの子音がㅑ、ㅕ、ㅛ、ㅠと組み合わさると、ㄴはニャ行、ㄹはリャ行、ㅁはミャ行、ㅅはシャ行と同じように発音します。시は[スィ]ではなく、日本語の[シ]と同じように発音します。

練習1 次の文字がどのような音になるか、1つずつ発音してみましょう。

2-2

1. 냐　　　2. 누　　　3. 니　　　4. 러　　　5. 료

6. 르　　　7. 며　　　8. 뮤　　　9. 쇼　　　10. 시

((•)) **練習2** 次の単語を書いて発音してみましょう。
2-3

1. ニュース　뉴스 ....

2. 国　　　　나라 ....

3. お母さん　어머니 ....

4. 無理　　　무리 ....

5. 音・声　　소리 ....

POINT3 **子音（2）出てくる場所によって発音が変わる子音**

((•))
2-4

> 가 [ka, ga] ：カ行、ガ行音と似ている
>
> 다 [ta, da] ：タ行、ダ行音と似ている
>
> 바 [pa, ba] ：パ行、バ行音と似ている
>
> 자 [tʃa, dʒa]：チャ行、ヂャ行音と似ている

　この4つの文字は語頭ではそれぞれカ、タ、パ、チャ行の音と似た発音になります。ところが語中（母音の後）ではガ、ダ、バ、ヂャ行の音と似た音になります（これについては後の課でもう少し詳しく学習します）。

子音＼母音		ㅏ [a]	ㅑ [ja]	ㅓ [ɔ]	ㅕ [jɔ]	ㅗ [o]	ㅛ [jo]	ㅜ [u]	ㅠ [ju]	ㅡ [ɯ]	ㅣ [i]
ㄱ	[k, g]	가	갸	거	겨	고	교	구	규	그	기
ㄷ	[t,d]	다	댜	더	뎌	도	됴	두	듀	드	디
ㅂ	[p, b]	바	뱌	버	벼	보	뵤	부	뷰	브	비
ㅈ	[tʃ]	자	쟈	저	져	조	죠	주	쥬	즈	지

★ただし、それぞれの子音がㅑ、ㅕ、ㅛ、ㅠと組み合わさると、ㄱはキャ（ギャ）行、ㅂはピャ（ビャ）行と同じように発音します。댜、듀もティヤ、ティユに近い音になります。두 드 디も それぞれ日本語の「ツ」「チ」のような音にはならないので注意しましょう。두 [tu/du]、드 [tɯ/dɯ]、디 [ti/di]

練習3 次の文字がどのような音になるか、1つずつ発音してみましょう。

1. 구   2. 디   3. 보   4. 조   5. 부

6. 두   7. 버   8. 지   9. 교   10. 더

練習4 次の単語を書いて発音してみましょう。

1. 地球   지구 ....

2. お父さん   아버지 ....

3. ラジオ   라디오 ....

4. 靴   구두 ....

5. ズボン   바지 ....

挨拶や簡単なフレーズ②

　次の挨拶やフレーズを言ってみましょう。まだ学んでいない文字もありますが、音声を聞いてまねして言ってみましょう。

1. これください。	이거 주세요.
2. どこですか。	어디예요?
3. いくらですか。	얼마예요?
4. いらっしゃいませ。	어서 오세요.
5. またいらしてください。	또 오세요.

第3課

激音と ㅎ

POINT **子音（3）激音と ㅎ**

카 [kʰa] ： カに似た音

타 [tʰa] ： タに似た音

파 [pʰa] ： パに似た音

차 [tʃʰa]： チャに似た音

하 [ha] ： ハに似た音

　上の카 타 파 차は第2課で学んだ가 다 바 자と少し形が似ていると思いませんか。実はそれぞれの音もとてもよく似ています。카 타 파 차は가 다 바 자よりも強めにし、発音する際に息を出すように発音します。この4つの音を「**激音**」と呼びます。

★ただし ㅎ は激音ではなく、日本語のハ行に近い音で発音します。

子音＼母音		ㅏ [a]	ㅑ [ja]	ㅓ [ɔ]	ㅕ [jɔ]	ㅗ [o]	ㅛ [jo]	ㅜ [u]	ㅠ [ju]	ㅡ [ɯ]	ㅣ [i]
ㅋ	[kʰ]	카	캬	커	켜	코	쿄	쿠	큐	크	키
ㅌ	[tʰ]	타	탸	터	텨	토	툐	투	튜	트	티
ㅍ	[pʰ]	파	퍄	퍼	펴	포	표	푸	퓨	프	피
ㅊ	[tʃʰ]	차	챠	처	쳐	초	쵸	추	츄	츠	치
ㅎ	[h]	하	햐	허	혀	호	효	후	휴	흐	히

練習1 次の文字がどのような音になるか、1つずつ発音してみましょう。

1. 카　　　 2. 투　　　 3. 표　　　 4. 처　　　 5. 츠

6. 햐　　　 7. 흐　　　 8. 크　　　 9. 티　　　 10. 히

次の単語を読んでから書いてみましょう。 ((🎤))
3-3

1. コーヒー 　커피 　　　　　　　　　　　　　　　　　　　

2. パーティー 　파티 　　　　　　　　　　　　　　　　　　　

3. スカート 　치마 　　　　　　　　　　　　　　　　　　　

4. 投票 　투표 　　　　　　　　　　　　　　　　　　　

5. ひとつ 　하나 　　　　　　　　　　　　　　　　　　　

　激音に対して、息を強く出さずに発音する子音を「平音」と呼びます。以下の表で形や音を確認してみましょう。（これ以外にㅅも平音に含まれます。）

激音	카	타	파	차
平音	가	다	바	자

★ハングルのㅈㅊはフォントによって少し形が変わります。자, 차は手書きで書くときは一般的にᅩ자, ᅩ차のように書きます。また、ㅇやㅎについてもフォントによってはㅇの上に小さな点があるように見えることがありますが（ㅇ）、手書きでは点を付けず丸と同じように書きます。

練習3 子音と母音を組み合わせたいろいろな単語を発音してみましょう。発音した後で書 ((🎤))
いてみましょう。 3-4

1. ここ 　여기 　　　　　　　　　　　　　　　　　　　

2. 私たち 　우리 　　　　　　　　　　　　　　　　　　　

3. バス 　버스 　　　　　　　　　　　　　　　　　　　

4. 行きます 　가요 　　　　　　　　　　　　　　　　　　　

5. 話 　이야기

6. 資料　　자료

7. 海　　바다

8. 誰　　누구

9. 頭　　머리

10. 痛いです　아파요

11. レポート　리포트

12. カード　카드

13. 湖　　호수

14. 汽車　기차

15. ブドウ　포도

16. 橋・脚　다리

練習4 基本母音と基本子音を書いてみましょう。発音を考えながら空欄を埋めてみましょう。

母音 子音	ㅏ	ㅑ	ㅓ	ㅕ	ㅗ	ㅛ	ㅜ	ㅠ	ㅡ	ㅣ
ㄱ	가				고					기
ㄴ		냐				뇨				
ㄷ			더						드	
ㄹ	라									
ㅁ										
ㅂ										
ㅅ	사				소					
ㅇ										
ㅈ	자									
ㅊ					초					
ㅋ		캬			코					
ㅌ										
ㅍ										
ㅎ										히

第4課

濃音・子音まとめ

4-1

POINT1 子音（4）濃音

ㄲ	까 [ˀka]	：ッカ、ンカと言うときの「カ」のイメージで
ㄸ	따 [ˀta]	：ッタ、ンタと言うときの「タ」のイメージで
ㅃ	빠 [ˀpa]	：ッパ、ンパと言うときの「パ」のイメージで
ㅆ	싸 [ˀsa]	：ッサ、ンサと言うときの「サ」のイメージで
ㅉ	짜 [ˀtʃa]	：ッチャ、ンチャと言うときの「チャ」のイメージで

　上のㄲ ㄸ ㅃ ㅆ ㅉは、第2課で学んだ가 다 바 사 자（平音）の子音を2つずつ組み合わせて書きますが、1つの子音を表します。第3課で学んだ카 타 파 차（激音）ともそれぞれ形が似ていますね。音もとてもよく似ていますが少し違います。까 따 빠 싸 짜は日本語を借りて説明するとしたら、少しのどを閉めるような感じで前に小さい「っ」や「ん」が入ったような音です。日本語にない音なので初めは発音するのがとても難しいと思います。この5つの音を**「濃音」**と呼びます。

子音＼母音		ㅏ [a]	ㅑ [ja]	ㅓ [ɔ]	ㅕ [jɔ]	ㅗ [o]	ㅛ [jo]	ㅜ [u]	ㅠ [ju]	ㅡ [ɯ]	ㅣ [i]
ㄲ	[ˀka]	까	꺄	꺼	껴	꼬	꾜	꾸	뀨	끄	끼
ㄸ	[ˀta]	따	땨	떠	뗘	또	뚀	뚜	뜌	뜨	띠
ㅃ	[ˀpa]	빠	뺘	뻐	뼈	뽀	뾰	뿌	쀼	쁘	삐
ㅆ	[ˀsa]	싸	쌰	써	쎠	쏘	쑈	쑤	쓔	쓰	씨
ㅉ	[ˀtʃa]	짜	쨔	쩌	쪄	쪼	쬬	쭈	쮸	쯔	찌

以下の表を参考にそれぞれの音の対応を確認してみましょう。

4-2

濃音	까	따	빠	싸	짜
激音	카	타	파		차
平音	가	다	바	사	자

練習1 次の単語を書いて発音してみましょう。

4-3

1. 兄　　　　오빠

2. さっき　　아까

3. 書きます　써요

4. 塩辛いです　짜요

5. また　　　또

POINT2 子音まとめ

4-4

　ここまで10の基本母音と、 19（ㅇも含めて）の子音を学習しました。
　ㅏを付けた文字でもう一度発音を確認しましょう。この順序は辞書に出てくる順序と同じ
です。濃音は辞書ではそれぞれの平音の後（ㄱの後にㄲのように）に出てきますが、ここでは
最後に入れました。

> 가 나 다 라 마 바 사 아 자
> 차 카 타 파 하 까 따 빠 싸 짜

　文字に慣れるためにはたくさん発音してみることが大事です。ここまでに出てきた単語を何
度も発音しながら文字を覚えましょう。

練習2 次の語は日本や世界の地名・国名です。読んで地名や国名を当ててみましょう。（日本語や外国語の固有名詞をハングルで表記するためには言語ごとに異なるルールがあります。日本語を表記するルールについては第8課で学びます。）

（1）日本の地名

1. 아이치

2. 시부야

3. 오카야마

4. 가고시마

5. 나고야

6. 나카노

7. 나가노

8. 사이타마

9. 아오모리

10. 히로시마

11. 도쿄

12. 교토

（2）世界の地名

1. 파리

2. 자카르타

3. 로마

4. 카이로

5. 시드니

6. 러시아

7. 모로코

8. 쿠바

9. 아시아

10. 아프리카

第5課

合成母音

5-1

POINT1 合成母音（1）

애	아 + 이 [ɛ]	：エ
에	어 + 이 [e]	：エ
얘	야 + 이 [jɛ]	：イェ
예	여 + 이 [je]	：イェ

애 日本語の「エ」よりやや口を大きく開き、発音します。
　　 개（犬）　새（鳥）　배（腹・船・梨）

에 日本語の「エ」とほぼ同じように発音します。
　　 테니스（テニス）　모레（明後日）　가게（店）

얘 「イ」と「エ」を続けて「イェ」と発音します。
　　 하얘요（白いです）

예 「イ」と「エ」を続けて「イェ」と発音します。
　　 예시（例示）　예고（予告）
　　 ＊ㅖは文字通り発音するのが原則ですが、예、례以外は［ㅔ］と発音されることも許容されており、実際に以下のように発音されることが多いです。
　　 例 시계［시게］時計、　개폐［개페］開閉

5-2
練習1 次の語句を書いて発音してみましょう。

1. チゲ（鍋料理）　　찌개　　.................................　.................................

2. 明後日　　　　　　모레　　.................................　.................................

3. 話　　　　　　　　얘기　　.................................　.................................

4. きれいです　　　　예뻐요　.................................　.................................

POINT2 合成母音 (2)

와	오 + 아 [wa]	：ワ
왜	오 + 애 [wɛ]	：ウェ
외	오 + 이 [we]	：ウェ
워	우 + 어 [wɔ]	：ウォ
웨	우 + 에 [we]	：ウェ
위	우 + 이 [wi]	：ウィ
의	으 + 이 [ɰi]	：ウイ

와 日本語の「ワ」と同じように発音します。
　　와요 (来ます)　과자 (菓子)

왜 日本語の「ウェ」と同じように発音します。
　　돼지 (豚)　왜 (なぜ)

외 日本語の「ウェ」と同じように発音します。　★ [oi] ではない
　　해외 (海外)　최고 (最高)

워 日本語の「ウォ」と同じように発音します。
　　뭐 (何)　샤워 (シャワー)　매워요 (辛いです)

웨 日本語の「ウェ」と同じように発音します。
　　궤도 (軌道)　스웨터 (セーター)

위 日本語の「ウィ」と同じように発音します。
　　가위 (はさみ)　위치 (位置)　귀 (耳)

의 ① 語頭に来る時：口を横に広げて「ウィ」と発音します。
　　　의사 (医師)
　　② 語中・語尾、または子音がある場合：「イ (이)」と発音します。
　　　의의 [의이] (意義)
　　③ 助詞「～の」の意味として用いられる場合：「エ (에)」と発音します。
　　　아버지의 [에] 회사 (父の会社)

練習2 次の語句を書いて発音してみましょう。

1. 会社 　　회사 　　..................................... 　　.....................................

2. りんご 　　사과 　　..................................... 　　.....................................

3. 寒いです 　　추워요 　　..................................... 　　.....................................

4. なぜ 　　왜 　　..................................... 　　.....................................

5. 豚 　　돼지 　　..................................... 　　.....................................

6. 軌道 　　궤도 　　..................................... 　　.....................................

7. 趣味 　　취미 　　..................................... 　　.....................................

8. 礼儀 　　예의 　　..................................... 　　.....................................

9. 椅子 　　의자 　　..................................... 　　.....................................

사과

돼지

パッチム（終声）と連音化

POINT1 パッチム（終声）

1. ハングルには以下のような組み合わせがあります（第1課参照）。
   ① 가 （ㄱ k＋ㅏ a）
   ② 감 （ㄱ k＋ㅏ a＋ㅁ m）

   上記②のように、子音と母音を組み合わせた下にさらに子音を組み合わせるとき、その子音を「パッチム（받침）」または「終声」といいます。

2. 日本語で言うと、発行［はっこう］、発達［はったつ］、発表［はっぴょう］というときの「っ」や、案内［あんない］、案外［あんがい］、安眠［あんみん］というときの「ん」のような音とよく似ています。

3. 発音上では以下の7種（代表音）のいずれかの音で発音されます。

🎙 6-1

パッチムの音	単語の例		パッチムの発音の仕方
ㅁ	柿	감 ［kam］ 가＋ㅁ	口を閉じてm
ㅂ	口	입 ［iᵖ］ 이＋ㅂ	「プ」と言わず直前で止めるように口を閉じてp
ㄴ	山	산 ［san］ 사＋ㄴ	舌を「ナ」というときの場所にして「ン」
ㅇ	川	강 ［kaŋ］ 가＋ㅇ	鼻にかかるように「ン」
ㄹ	言葉、馬	말 ［mal］ 마＋ㄹ	英語のl（エル）のように発音
ㄱ	スープ	국 ［kuᵏ］ 구＋ㄱ	「ク」と言わず直前で止めるようにk
ㄷ	すぐに	곧 ［koᵗ］ 고＋ㄷ	「トゥ」と言わず直前で止めるようにt

4. 表記と例：実際の表記は以下のように複数ありますが、音は代表音の7種類です。

終声＝パッチム （実際の表記）	代表音 （実際の発音）	日本語・ 英語の似た例	例
ㄱㅋㄲ	ㄱ [k]	さっかー がっかり	약（薬）・부엌（台所）
ㄴ	ㄴ [n]	あんない	돈（金）・손（手）
ㄷㅌㅅ ㅆㅈㅊㅎ	ㄷ [ᵗ]	やった いった	맛（味）・있다（ある/いる）・낮（昼）
ㄹ	ㄹ [l]	all、will	달（月）・서울（ソウル）
ㅁ	ㅁ [m]	さんま あんばい	봄（春）・김치（キムチ）・밤（栗/夜）
ㅂㅍ	ㅂ [ᵖ]	かっぱ	밥（ご飯）・앞（前）
ㅇ	ㅇ [ŋ]	あんがい	빵（パン）・강（川）・사랑（愛）

🎙 **練習1** 次の語を発音しながら書いてみましょう。
6-2

1. 떡（餅）	2. 밖（外）	3. 눈（目/雪）	4. 문（ドア）	5. 옷（服）
6. 꽃（花）	7. 밭（畑）	8. 일（一）	9. 물（水）	10. 몸（体）
11. 십（十）	12. 집（家）	13. 숲（森）	14. 방（部屋）	15. 공（ボール）

POINT2 連音化

パッチムの直後に母音を表す「ㅇ」が来ると、パッチムはその母音と合わさって発音されます。これを連音化といいます。但し、文字表記上では変わりません。

*連音化する際には、パッチムは代表音ではなく、**元の文字の音**で発音されます。

表記	連音化	実際の発音
음악（音楽）	으+ㅁ [m] +악	[으막]
옷이（服が）	오+ㅅ [s] +이	[오시]
서울은（ソウルは）	서우+ㄹ [l] +은	[서우른]
선생님이（先生が）	선생니+ㅁ [m] +이	[선생니미]
답을（答えを）	다+ㅂ [b] +을	[다블]

★以下のことに注意しましょう。

1. パッチム「ㅇ」は連音化しません。

　영어 [영어] 英語　　　　　　한강에 [한강에] 漢江に

2. パッチム「ㅎ」は直後に「ㅇ」が来る場合発音しません。

　좋아요 [조아요] 良いです　　많이 [마니] たくさん

3. パッチム「ㄲ、ㄸ、ㅃ、ㅆ、ㅉ」はそのまま濃音として連音化します。

　있어요 [이써요] あります　　밖에서 [바께서] 外で

練習2 連音化に注意しながら発音し、<u>実際の発音</u>を書いてみましょう。

単語	実際の発音	単語	実際の発音
1. 한국어　　韓国語	例) [한구거]	2. 받아요　　もらいます	
3. 발음　　発音		4. 잠옷　　寝間着	
5. 밥을　　ご飯を		6. 집에　　家に	
7. 씻어요　　洗います		8. 옷을　　服を	

9. 공원　　公園			10. 달맞이　月見		
11. 있어요	います あります		12. 꽃이　　花が		
13. 부엌에서 台所で			14. 같아요　同じです		
15. 높이　　高さ			16. 좋아해요 好きです		

覚えよう

2文字パッチムの場合 → 発音規則7、8 (p.171、172 参照)

　2文字パッチムの直後に母音が来ると、左側の子音は終声として、右側の子音は次の母音と連音化して発音します。

앉아요 (座ります)		[안자요]
젊어요 (若いです)	⇒	[절머요]
읽어요 (読みます)	連音化	[일거요]
없어요 (いません・ありません)		[업써요]

　2文字パッチムの直後に子音が来ると、いずれか一方の子音だけ発音します。

ㅄ [ᵖ]　ㄳ [ᵏ]　ㄵ [n]　ㅀ [n]　ㄽ [l]　ㅀ [l]　ㄾ [l]　ㄼ [l]	左側の子音を読む
ㄺ [ᵏ]　ㄿ [ᵖ]　ㄻ [m]	右側の子音を読む

例　앉다 [안따] (座る)　　　젊다 [점따] (若い)
　　읽다 [익따] (読む)　　　없다 [업따] (ない・いない)

＊2文字パッチムの発音は難しいので、ここですべて覚える必要はありません。今後テキスト本文の中で出てきたものから少しずつ覚えるようにしましょう。

第7課

発音のルール

　第6課までに一通り、ハングルの発音について学びました。第7課では基本的な発音のルールについて学習します。発音のルールはたくさんありますが、まずこの課で学習するルールに慣れましょう。他のルールについては後から少しずつ学習します。

POINT1　有声音化

7-1

　第2課で子音を学習した際に、ㄱ ㄷ ㅂ ㅈ は語頭と語中で音が違うことを確認しました。これらの音は母音と母音の間で日本語の濁音のように発音されるというルールがあるためです。これを**有声音化**と言います。

例　고기 [kogi]　　　ㄱ+ㅗ+ㄱ+ㅣ　　　肉
　　구두 [kudu]　　　ㄱ+ㅜ+ㄷ+ㅜ　　　靴
　　나비 [nabi]　　　ㄴ+ㅏ+ㅂ+ㅣ　　　蝶
　　모자 [modʒa]　　　ㅁ+ㅗ+ㅈ+ㅏ　　　帽子

　有声音化は、母音と母音の間以外でも起こります。パッチム ㄴ ㄹ ㅁ ㅇ の後にㄱ ㄷ ㅂ ㅈ が次の文字の最初の音（初声）として続く際にも、有声音化が起こります。

例　전주 [tʃɔnju]　　　全州（地名）　　　딸기 [ʔtalgi]　　　いちご
　　감기 [kamgi]　　　風邪　　　　　　　공부 [koŋbu]　　　勉強

ㄱ ㄷ ㅂ ㅈ の有声音化	ㄱ	ㄷ	ㅂ	ㅈ
語頭	[k]	[t]	[p]	[tʃ]
語中、ㄴ ㄹ ㅁ ㅇ の後	[g]	[d]	[b]	[dʒ]

★1：ただし動詞や形容詞の語幹と語尾の境界や、2つ以上の語が合わさった複合語などの境界部分、漢字が元になっている語の中などでは有声音化が起こらず濃音で発音される場合があります。

　　例　신다 [신따] 履く　　　　　비빔밥 [비빔빱] ビビンバ

★2：ㅅは有声音化しません。例えば사を「ザ」と発音するようなことはありませんので気を付けましょう。また激音のㅋㅌㅍㅊや、濃音のㄲㄸㅃㅉも有声音化はしません。

練習1 有声音化に気を付けて、次の単語を発音してみましょう。

7-2

1. 어디　　どこ

2. 아버지　　父

3. 매점　　売店

4. 한국　　韓国

5. 일본　　日本

6. 도서관　　図書館

7. 친구　　友達

8. 시장　　市場

9. 언제　　いつ

10. 시간　　時間

POINT2 **濃音化** → 発音規則1 (p.168 参照)

7-3

　[ᵏ] [ᵗ] [ᵖ] で発音されるパッチム (ㅎは含まない) の後に、ㄱ ㄷ ㅂ ㅈ が文字の最初の音 (初声) として続くと、これらは濃音 ㄲ ㄸ ㅃ ㅉ として発音されます。ㅅ は [ᵏ] [ᵗ] [ᵖ] で発音されるパッチム (ㅎも含む) の後で濃音 ㅆ として発音されます。これを**濃音化**といいます。

ㄱ ㄷ ㅂ ㅅ ㅈ の濃音化	ㄱ	ㄷ	ㅂ	ㅅ	ㅈ
[ᵏ] [ᵗ] [ᵖ] パッチムの後 (ㄱ, ㄷ, ㅂ, ㅈ はㅎ以外 ㅅ はㅎも含む)	ㄲ	ㄸ	ㅃ	ㅆ	ㅉ

例　学校 [학꾜]　　　　　学校
　　한국도 [한국또]　　　韓国も
　　접시 [접씨]　　　　　お皿

練習2 濃音化に気を付けて、次の単語を発音してみましょう。

7-4

1. 학생　　　　　学生

2. 식당　　　　　食堂

3. 젓가락　　　　箸

4. 숟가락　　　　スプーン

5. 맥주　　　　　ビール

6. 듣기　　　　　リスニング、聞くこと

7. 서울특별시　　ソウル特別市

日本語のハングル表記

POINT1 日本語のハングル表記

カナ	ハングル	
	語頭	語中・語末
アイウエオ	아 이 우 에 오	
カキクケコ	가 기 구 게 고	카 키 쿠 케 코
サシスセソ	사 시 스 세 소	
タチツテト	다 지 쓰 데 도	타 치 쓰 테 토
ナニヌネノ	나 니 누 네 노	
ハヒフヘホ	하 히 후 헤 호	
マミムメモ	마 미 무 메 모	
ヤイユエヨ	야 (이) 유 (에) 요	
ラリルレロ	라 리 루 레 로	
ワ (ヰ) ウ (ヱ) ヲ	와 (이) 우 (에) 오	
ン	ㄴ	

ガギグゲゴ	가 기 구 게 고	
ザジズゼゾ	자 지 즈 제 조	
ダヂヅデド	다 지 즈 데 도	
バビブベボ	바 비 부 베 보	
パピプペポ	파 피 푸 페 포	
キャ キュ キョ	갸 규 교	캬 큐 쿄
シャ シュ ショ	샤 슈 쇼	
ニャ ニュ ニョ	냐 뉴 뇨	
チャ チュ チョ	자 주 조	차 추 초
ヒャ ヒュ ヒョ	햐 휴 효	
ミャ ミュ ミョ	먀 뮤 묘	
リャ リュ リョ	랴 류 료	
ギャ ギュ ギョ	갸 규 교	
ジャ ジュ ジョ	자 주 조	
ビャ ビュ ビョ	뱌 뷰 뵤	
ピャ ピュ ピョ	퍄 퓨 표	

POINT2 表記の際のルール

① 促音「ッ」はパッチム「ㅅ」に統一して表記する。

例 サッポロ 삿포로、トットリ 돗토리

② 撥音「ン」はパッチム「ㄴ」で表記する。

例 シンジュク 신주쿠、センダイ 센다이

③ 日本語の長音は表記しない。

例 オオサカ 오사카、ニイガタ 니가타

④ 母音a、i、u、e、oはそれぞれㅏ、ㅣ、ㅜ、ㅔ、ㅗを使うが、「ス」「ツ」と「ズ」「ヅ」はㅡを使ってそれぞれ스、쓰、즈のように表記する。

⑤ 「ツ」「ヅ・ズ」などは韓国語では使われない発音であるため、近い音である「쓰」「즈」で対応させる。

例 スズキ 스즈키、マツヤマ 마쓰야마

練習1 次の日本の地名をハングルに表記してみましょう。

1. ヨコハマ　　　..

2. オキナワ　　　..

3. ニッコウ　　　..

4. キュウシュウ　..

5. エヒメ　　　　..

6. ナリタ　　　　..

7. ハネダ　　　　..

8. ナガノ　　　　..

9. ナカノ　　　　..

10. シンジュク　　　　...

練習2 次の名前をハングルに表記してみましょう。

1. ハットリ　　　　...

2. スズキ　　　　...

3. ドイ　　　　...

4. カトウ　　　　...

5. タナカ　　　　...

6. ヤマダ　　　　...

7. トミタ　　　　...

8. カワゾエ　　　　...

9. ツツミ　　　　...

10. カンダ　　　　...

練習3 自分の名前と住んでいる最寄り駅名をハングルで書いてみましょう。

1. 名前　　　　...

2. 最寄り駅　　　　...

第9課

文字のまとめと復習

🎙️ （1）学校で使う単語を読んでみましょう。
9-1

1. 교실 (教室)

2. 매점 (売店)

3. 선생님 (先生)

4. 도서관 (図書館)

5. 시험 (試験)

6. 수업 (授業)

7. 강의 (講義)

8. 교과서 (教科書)

9. 교복 (学校の制服)

10. 의자 (椅子)

🎙️ （2）家で使う単語を読んでみましょう。
9-2

1. 집 (家)

2. 방 (部屋)

3. 침대 (ベッド)

4. 부엌 (台所)

5. 현관 (玄関)

6. 대문 (〈家の表の〉門)

7. 화장실 (トイレ)

8. 창문 (窓)

9. 요리 (料理)

10. 가족 (家族)

（3）【連音化】発音に気をつけながら読んでみましょう。

9-3

1. 단어 (単語)

2. 발음 (発音)

3. 한국어 (韓国語)

4. 각오 (覚悟)

5. 음악 (音楽)

6. 금연 (禁煙)

7. 언어 (言語)

8. 번역 (翻訳)

9. 학원 (塾)

10. 일요일 (日曜日)

🎙️ （4）【濃音化】発音に気をつけながら読んでみましょう。
9-4

1. 학생 (学生)

2. 식당 (食堂)

3. 국밥 (クッパ)

4. 숟가락 (スプーン)

5. 젓가락 (箸)

6. 택시 (タクシー)

7. 축구 (サッカー)

8. 듣기 (リスニング)

9. 낮잠 (昼寝)

10. 독서 (読書)

（5）【有声音化】発音に気をつけながら読んでみましょう。

9-5

1. 시계 (時計)

2. 수도 (水道・首都)

3. 모자 (帽子)

4. 감기 (風邪)

5. 바다 (海)

6. 언제 (いつ)

7. 지도 (地図)

8. 구두 (靴)

9. 딸기 (いちご)

10. 한글 (ハングル)

（6）役に立つ表現を発音してみましょう。

9-6

1. 많이 드세요. (たくさん召し上がってください。)

2. 잘 먹겠습니다. (いただきます。)

3. 아주 맛있어요. (とてもおいしいです。)

4. 잘 먹었습니다. (ごちそうさまでした。)

5. 잘 자요. (お休みなさい。)

6. 안녕히 주무세요. (〈目上の人に対して〉お休みなさい。)

7. 이거 얼마예요? (これ、いくらですか。)

8. 좀 비싸요. (ちょっと〈値段が〉高いです。)

9. 또 오세요. (また来てください。)

10. 정말 재미있어요. (本当におもしろいです。)

（7）名前、学校、学年、専攻、趣味、故郷をハングルで書いてみましょう。

1. 名前 (이름)

2. 学校 (학교)

3. 学年 (학년)

4. 専攻 (전공)

5. 趣味 (취미)

6. 故郷 (고향)

第2部
文法編

第10課

저는 학생입니다.

私は学生です。

◀ キーフレーズ ▶

(🎙️)
10-1

저는 학생**입니다**.	私は学生です。
어느 나라 사람**입니까?**	どちらの国の人ですか。
오늘은 토요일**입니까?**	今日は土曜日ですか。
민기 씨는 한국 사람**입니다**.	ミンギさんは韓国人です。

POINT1 名詞文　名詞＋です（か）

	文	例
平叙形	名詞＋**입니다.**	학생입니다. 学生です。
疑問形	名詞＋**입니까?**	학생입니까? 学生ですか。

① 名詞に付いて「〜です」「〜ですか」という名詞文を作ります。

②「입니다、입니까」は、それぞれ［임니다、임니까］と発音します。このような発音の変化を**鼻音化**といいます。→ 発音規則3 （p.169 参照）

練習1 次の名詞にそれぞれ「입니다」「입니까?」を付けて「〜です」「〜ですか」という文を作り発音してみましょう。

日本語の意味	韓国語名詞	名詞文
1. 留学生	유학생	
2. 会社員	회사원	
3. どこ	어디	（疑問文のみ）
4. お母さん、母	어머니	
5. 土曜日	토요일	

★パッチムのある語の後では連音化が起こることに注意しましょう。

日本語	パッチム⊘名詞	パッチム有名詞
は	는	은

① 助詞「는/은」は、名詞の後ろに付いて「〜は」を表します。

② 最後にパッチムのない語の後には는が、パッチムがある語の後には은が付きます。

練習2 次の名詞に助詞「는/은」を付けて「〜は」と書いてみましょう。

名詞+는/은		名詞+는/은	
1. 선생님　先生		2. 여기　　ここ	
3. 학교　　学校		4. 이것　　これ	
5. 회사　　会社		6. 오늘　　今日	
7. 책　　　本		8. 친구　　友達	
9. 교실　　教室		10. 아버지　お父さん、父	

会話

10-2

민기 : 안녕하세요? 김민기입니다.

유리 : 안녕하세요? 저는 다나카 유리입니다.

　　　민기 씨는 어느 나라 사람입니까?

민기 : 저는 한국 사람입니다.

유리 : 만나서 반갑습니다.

語句

저 (私)　학생 (学生)　어느 (どちらの、どの)　나라 (国)　사람 (人)　오늘 (今日)

토요일 (土曜日)　씨 (〜さん)　한국 (韓国)　한국 사람 (韓国人)　유학생 (留学生)

회사원 (会社員)　어디 (どこ)　어머니 (お母さん)＊↵

선생님 (先生)　여기 (ここ)　학교 (学校)　이것 (これ)　회사 (会社)　책 (本)　친구 (友達)

교실 (教室)　아버지 (お父さん)　안녕하세요 (こんにちは)　김민기 (キム・ミンギ、人名)

만나서 반갑습니다 (会えてうれしいです)　　＊記号↵の左側にある語句は前ページに掲載されています。

総合練習 次の空欄を埋めて日本語の意味に合う文を作りましょう。

1. 私は学生です。　　　　저는 ....

2. ミンギさんは留学生ですか。　　　......................... 유학생입니까 ?

3. ここは学校です。　　　여기는 ....

4. 教室はどこですか。　　　교실은 .... ?

5. 売店はここです。　　　......................... 여기입니다 .

🎙️
10-3
作文練習 次の日本語を韓国語に直し、この課で学んだことを確認しましょう。

1. 学校はどこですか。

2. 今日は土曜日です。

3. お母さんは先生です。

4. お父さんは会社員ですか。

5. ミンギさんの友達ですか。（「の」は訳さない ⇒ 第30課参照）

語句　매점（売店）

第11課

선생님이 아닙니다.

先生ではありません。

◀ キーフレーズ ▶

		11-1
학생이 아닙니다.	学生ではありません。	
학교가 아닙니다.	学校ではありません。	
여기도 식당입니까?	ここも食堂ですか。	
지나 씨도 유학생입니까?	ジナさんも留学生ですか。	

POINT1 名詞文の否定形 名詞+ではありません（か）

	パッチム無名詞	パッチム有名詞
平叙形	名詞+**가 아닙니다.** 간호사가 아닙니다. 看護師ではありません。	名詞+**이 아닙니다.** 선생님이 아닙니다. 先生ではありません。
疑問形	名詞+**가 아닙니까?** 간호사가 아닙니까? 看護師ではありませんか。	名詞+**이 아닙니까?** 선생님이 아닙니까? 先生ではありませんか。

① 名詞に付いて「〜ではありません」「〜ではありませんか」という否定文を作ります。

②「아닙니다、아닙니까」は、［아님니다、아님니까］と発音します（鼻音化）。

練習1 次の名詞に「가/이 아닙니다」を付けて「〜ではありません」という文を作り発音してみましょう。

日本語の意味	韓国語名詞	名詞文
1. 学生	학생	
2. 学校	학교	
3. 先生	선생님	
4. 兄	오빠	
5. 郵便局	우체국	

助詞：〜も

日本語	韓国語
も	도

▶助詞「도」は、名詞の後ろに付いて「〜も」を表します。パッチムの有無に関係なく常に同じ形を使います。

練習2 次の名詞に助詞「도」を付けて「〜も」と書いてみましょう。

名詞＋도		名詞＋도	
1. 선생님　先生		2. 책　　本	
3. 학교　　学校		4. 교실　教室	
5. 회사　　会社		6. 매점　売店	

11-2

会話

(写真を見ながらの会話)

유리 : 이 사람은 언니입니다.

민기 : 유리 씨 언니는 회사원입니까?

유리 : 아니요, 회사원이 아닙니다. 선생님입니다.

민기 : 이 사람은 오빠입니까?

유리 : 아니요, 오빠가 아닙니다. 아버지입니다.

민기 : 아버지도 선생님입니까?

유리 : 아니요, 아버지는 선생님이 아닙니다.

語句　식당 (食堂)　간호사 (看護師)　오빠 (《妹から見た》兄)　우체국 (郵便局) ↵
　　　이 (この)　사람 (人)　언니 (《妹から見た》姉)　회사원 (会社員)　아니요 (いいえ)

総合練習 日本語の意味に合うように空欄を埋めましょう。

1. 日本人ではありません。　　　　　일본 사람 ....

2. ここは学校ではありませんか。　　여기는 학교 .... ?

3. ユリさんも学生ですか。　　　　　유리 씨 .... 학생입니까 ?

4. 今日は土曜日ではありません。　　오늘은 토요일 ....

5. 母は会社員ではありません。　　　어머니는 ....

作文練習 次の日本語を韓国語に直し、この課で学んだことを確認しましょう。

11-3

1. ユリさんは留学生ではありません。

2. ここも教室ですか。

3. ユミさんも友達ですか。

4. 姉は看護師ではありません。医者です。

5. ここは郵便局ではありません。銀行です。

語句	일본 (日本)　일본 사람 (日本人)　오늘 (今日)　토요일 (土曜日)　여기 (ここ)
	언니 (〈妹から見た〉姉) / 누나 (〈弟から見た〉姉)　의사 (医師、医者)　은행 (銀行)

매점에 갑니다.

売店に行きます。

◀ キーフレーズ ▶

12-1

어디에 갑니까?	どこに行きますか。
학교에 갑니다.	学校に行きます。
언제 전철이 옵니까?	いつ電車が来ますか。
집에 친구가 옵니다.	家に友達が来ます。

POINT1 母音語幹用言の「です・ます」形 (합니다体①)

平叙形	パッチム(無)用言の語幹+ㅂ니다.	基本形 가다 (行く)	갑니다. 行きます
疑問形	パッチム(無)用言の語幹+ㅂ니까?		갑니까? 行きますか

① 動詞や形容詞などの辞書に載っている形を**基本形**と言います。基本形から最後の다を取った形を**語幹**と言います。

② 語幹の最後にパッチムの無いもの (つまり語幹の最後が母音で終わっている) を**母音語幹**と言い、そのような用言を**母音語幹用言**と言います。

③ 母音語幹用言 (動詞、形容詞など) の語幹に上記のようにㅂ니다、ㅂ니까を付けると丁寧な叙述文、疑問文を作ることができます。 このような文末形式を**합니다体**と呼びます。 (今回は母音語幹の합니다体)

④ 語尾「ㅂ니다、ㅂ니까」は、それぞれ [ㅁ니다、ㅁ니까] と発音します (鼻音化)。

練習1 次の用言の基本形に丁寧形の語尾「ㅂ니다」を付けて「〜ます」「〜です」の意味にしてみましょう。

意味	基本形	活用	意味	基本形	活用
1. 来る	오다		2. 勉強する	공부하다	
3. 忙しい	바쁘다		4. 休む	쉬다	
5. 飲む	마시다		6. 痛い、 体調が悪い	아프다	

POINT2 助詞：〜が・〜に

区分	パッチム無名詞	パッチム有名詞
が	**가**	**이**
に	**에**	

① 助詞「가/이」は、名詞の後ろに付いて、日本語の「が」とほぼ同じ意味を表します。最後にパッチムのない語の後には가が、パッチムがある語の後には이が付きます。

② 助詞「에」は、名詞の後ろに付いて場所や目的地、時間など、日本語の「に」とほぼ同じ意味を表します。

練習2 次の名詞に助詞「가/이」を付けて「〜が」と書いてみましょう。

名詞+가/이		名詞+가/이	
1. 교과서　教科書		2. 버스　　バス	
3. 교실　　教室		4. 운동장　運動場	
5. 가방　　鞄		6. 배　　　船・腹・梨	

会話

12-2

유리 : 민기 씨, 어디에 갑니까?

민기 : 저는 지금 매점에 갑니다.

유리 : 매점에 왜 갑니까?

민기 : 교과서가 필요합니다. 그리고 커피도 삽니다.

유리 : 그 다음에 어디에 갑니까?

민기 : 도서관에도 갑니다. 친구가 옵니다.

語句	매점 (売店)　**가다** (行く)　언제 (いつ)　전철 (電車)　**오다** (来る)　집 (家)
	공부하다 (勉強する)　**바쁘다** (忙しい)　**쉬다** (休む)　**마시다** (飲む)　**아프다** (痛い、体調が悪い) ↵
	교과서 (教科書)　버스 (バス)　운동장 (運動場)　**가방** (鞄)　배 (船、腹、梨)　지금 (今)

総合練習 日本語の意味に合うように空欄を埋めましょう。

1. 妹も図書館に来ますか。　　　여동생도 ＿＿＿＿＿＿＿＿＿＿＿＿＿＿＿＿＿＿？

2. 友達が待っています。　　　　친구가 ＿＿＿＿＿＿＿＿＿＿＿＿＿＿＿＿．

3. 学生が勉強しますか。　　　　＿＿＿＿＿＿＿＿＿＿＿ 공부합니까?

4. お母さんは忙しいです。　　　어머니는 ＿＿＿＿＿＿＿＿＿＿＿＿＿＿＿．

5. 部屋がきれいです。　　　　　방이 ＿＿＿＿＿＿＿＿＿＿＿＿＿＿．

作文練習 次の日本語を韓国語に直し、この課で学んだことを確認しましょう。

12-3

1. お父さんは毎日会社に行きます。

2. 雨が降っていますか。（降りますか）

3. 駅に電車が来ます。

4. 学生は、明日空港に集まります。

5. 今日は果物も肉も安いです。

語句	왜 (なぜ、どうして)　필요하다 (必要だ)　그리고 (そして)　커피 (コーヒー)　사다 (買う) 그 (その)　다음 (次)　도서관 (図書館) ↵ 여동생 (妹)　친구 (友達)　기다리다 (待つ)　방 (部屋)　깨끗하다 [깨끄타다] (きれい (清潔) だ) → **発音規則2** (p.168参照)　매일 (毎日)　회사 (会社)　비가 오다 (雨が降る)　역 (駅) 전철 (電車)　내일 (明日)　공항 (空港)　모이다 (集まる)　과일 (果物)　고기 (肉)　싸다 (安い)

一部の一人称代名詞と疑問代名詞は助詞「가」と共に使われる際に形が変わります。

나 + 가 ⇒ 내가 (私が、僕が)	저 + 가 ⇒ 제가 (わたくしが、私が、僕が)	누구 + 가 ⇒ 누가 (誰が)

누가 옵니까?　　　誰が来ますか。

제가 하겠습니다.　私がします。

내가 가겠습니다.　僕が行きます。

＊겠습니다は「〜します」という意志を表す表現（第29課参照）

＊나/내가は目下の人や同年代の親しい人に、저/제가は目上の人に使います。

어디에 갑니까?

第13課

식당에서 점심을 먹습니다.

食堂で昼食を食べます。

◀ キーフレーズ ▶

무엇을 합니까?	何をしますか。
책을 읽습니다.	本を読みます。
학생 식당에서 점심을 먹습니다.	学生食堂で昼食を食べます。
도서관에서 자료를 찾습니다.	図書館で資料を探します。

POINT1 子音語幹用言の「です・ます」形（합니다体②）

| 平叙形 | パッチム有用言の語幹+**습니다.** | 基本形 먹다 (食べる) | 먹습니다. 食べます |
| 疑問形 | パッチム有用言の語幹+**습니까?** | | 먹습니까? 食べますか |

① 語幹の最後にパッチムの有るもの（つまり語幹の最後が子音で終わっている）を**子音語幹**と言い、そのような用言を**子音語幹用言**と言います。
② 子音語幹用言（動詞、形容詞など）の語幹に上記のように습니다、습니까を付けると丁寧な叙述文または疑問文を作ることができます。（**子音語幹の합니다体**）
③ 語尾「습니다、습니까」は、それぞれ「슴니다、슴니까」と鼻音化して発音します。

練習1 次の用言の基本形に丁寧形の語尾「습니다」を付けてみましょう。

意味	基本形	活用	意味	基本形	活用
1. 探す	찾다		2. ありがたい	고맙다	
3. 笑う	웃다		4. 良い・いい	좋다	
5. ある・いる	있다		6. 小さい	작다	

語句	점심 (昼食)　먹다 (食べる)　무엇 (何)　하다 (する)　읽다 [익따] (読む)　학생 식당 (学食)　자료 (資料)　찾다 (探す)　고맙다 (ありがたい)　웃다 (笑う)　좋다 (良い、いい)　있다 (ある・いる)　작다 (小さい)

区分	パッチム無名詞	パッチム有名詞
を	를	을
で	에서	

① 助詞「를/을」は、名詞の後ろに付き、日本語の「を」とほぼ同じ意味を表します。

② 最後にパッチムのない語の後には를が、パッチムがある語の後には을が付きます。

③ 助詞「에서」は、名詞の後ろに付いて、場所を表す場合の日本語の「で」とほぼ同じ意味
を表します。

練習2 次の名詞に助詞「를/을」を付けて「〜を」、「에서」を付けて「〜で」と書いてみましょう。

名詞＋를/을		名詞＋에서	
1. 밥 　 ご飯		1. 교실 　 教室	
2. 공부 　 勉強		2. 공항 　 空港	
3. 물 　 水		3. 역 　 　 駅	

会話

13-2

민기 : 점심은 어디에서 먹습니까?

유리 : 학생 식당에서 먹습니다.

민기 : 무엇을 먹습니까?

유리 : 비빔밥을 먹습니다.

민기 : 저는 냉면이 좋습니다.

유리 : 식사 후에 무엇을 합니까?

민기 : 도서관에서 자료를 찾습니다. 리포트 숙제가 있습니다.

語句 밥 (ご飯)　공부 (勉強)　물 (水)　비빔밥 [비빔빱] (ビビンバ)　냉면 (冷麺)　식사 (食事)
　　후 (後)　리포트 (レポート)　숙제 (宿題)

総合練習 日本語の意味に合うように空欄を埋めましょう。

1. プルゴギを食べます。　　　　불고기를 ....

2. 授業で発表があります。　　 .... 발표가 ....

3. 人が多いです。　　　　　　사람이 ....

4. 誕生日プレゼントをもらいます。　생일 .... 받습니다.

5. 部屋で音楽を聞きます。　　방에서 ....

作文練習 次の日本語を韓国語に直し、この課で学んだことを確認しましょう。

13-3

1. 食堂はどこが良いですか。

2. 子供が笑っています (笑います)。

3. 警察署で道を尋ねます。

4. 教室で教科書を読みます。

5. 韓国語は面白いです。

語句	불고기 (プルコギ)　수업 (授業)　발표 (発表)　많다 [만타] (多い、たくさんいる・ある)
	생일 (誕生日)　선물 (プレゼント)　받다 (もらう、受け取る)　음악 (音楽)　듣다 (聞く)
	아이 (子供)　경찰서 (警察署)　길 (道)　묻다 (尋ねる)　한국어 (韓国語)　재미있다 (面白い)

친구하고 공원에서 놉니다.

友達と公園で遊びます。

◀ キーフレーズ ▶

14-1

공원에서 **놉니다**.	公園で遊びます。
친구**하고** 같이 기숙사에 **삽니다**.	友達と一緒に寮に住んでいます。
머리가 **깁니까?**	髪が長いですか。
무엇을 **만듭니까?**	何を作りますか。

POINT1 ㄹ(リウル)語幹の「です・ます」形（합니다体③）

		基本形 놀다 （遊ぶ）	놉니다. 遊びます
平叙形	語幹の ㄹパッチム脱落 ＋ ㅂ니다.		
疑問形	語幹の ㄹパッチム脱落 ＋ ㅂ니까?		놉니까? 遊びますか

① 語幹の最後がㄹになる動詞、形容詞をㄹ**(リウル)語幹用言**と呼びます。ここまで出てきた母音語幹、子音語幹とは異なる活用をするので注意が必要です。

② ㄹ語幹の합니다体を作る時はㅂ니다をつけます。このとき**パッチムㄹが脱落します**。

練習1 次の用言の基本形に丁寧形の語尾「ㅂ니다」を付けてみましょう。

意味	基本形	活用	意味	基本形	活用
1. 遊ぶ	놀다		2. 長い	길다	
3. 作る	만들다		4. 遠い	멀다	
5. 売る	팔다		6. 甘い	달다	
7. 住む	살다		8. 分かる・知る	알다	

語句	공원 (公園)　놀다 (遊ぶ)　같이 [가치] (一緒に) → 発音規則5 (p.170参照)　기숙사 (寮) 살다 (住む)　머리 (髪、頭)　길다 (長い)　만들다 (作る)　멀다 (遠い)　팔다 (売る) 달다 (甘い)　알다 (分かる、知る)

区分	パッチム⑭名詞	パッチム㈲名詞
と	와	과
	하고	

① 助詞「와/과」は、名詞の後ろに付いて、日本語の「と」とほぼ同じ意味を表します。

② 最後にパッチムのない語の後には와が、パッチムがある語の後には과が付きます。

③ 会話表現では同じ「と」の意味を表す助詞「하고」をよく使います。

練習2　次の左側の名詞には助詞「와/과」を付け、右側の名詞には助詞「하고」を付けて読みながら「〜と」と書いてみましょう。

名詞+와/과		名詞+하고	
1. 선생님　先生		1. 물　　水	
2. 후배　後輩		2. 친구　友達	
3. 유학생　留学生		3. 바다　海	

14-2

会話

유리 : 민기 씨는 어디에 삽니까?

민기 : 저는 유학생 기숙사에 삽니다.

유리 : 식사는 민기 씨가 만듭니까?

민기 : 네, 매일 기숙사 부엌에서 만듭니다.

유리 : 주말에는 무엇을 합니까?

민기 : 주로 친구하고 공원에서 놉니다.

語句　후배 (後輩)　바다 (海)　네 (はい)　매일 (毎日)　부엌 (台所)　주말 (週末)　주로 (主に)

総合練習 日本語の意味に合うように空欄を埋めましょう。

1. キムチチゲとチヂミを作ります。　김치찌개 ⋯⋯⋯⋯⋯ 부침개를 ⋯⋯⋯⋯⋯⋯⋯⋯⋯⋯⋯.

2. 家が遠いです。　　　　　　　　　집이 ⋯⋯⋯⋯⋯⋯⋯⋯⋯⋯.

3. 学校の住所を知っていますか。　학교 주소를 ⋯⋯⋯⋯⋯⋯⋯⋯?

4. 会社に電話をかけます。　　　　회사에 전화를 ⋯⋯⋯⋯⋯⋯⋯⋯.

5. 売店ではパンと牛乳を売っていますか。

　　　　　　　매점에서는 ⋯⋯⋯⋯⋯⋯⋯⋯⋯⋯⋯⋯⋯⋯ 팝니까?

作文練習 次の日本語を韓国語に直し、この課で学んだことを確認しましょう。

14-3

1. お母さんは髪が長いです。

2. どこに住んでいますか。

3. 赤ちゃんが部屋で泣いています。

4. 風が吹いています。

5. アイスクリームとケーキはとても甘いです。

語句	김치찌개 (キムチチゲ)　부침개 (チヂミ)　주소 (住所)　전화 (電話)　걸다 (かける) 빵 (パン)　우유 (牛乳)　아기 (赤ちゃん)　울다 (泣く)　바람 (風)　불다 (吹く) 아이스크림 (アイスクリーム)　케이크 (ケーキ)　아주 (とても)

復習（第10課〜第14課）

(🎙️) **（1）文型練習**
15-1

1. 名詞文 -입니다./-입니까?
   - 유학생입니까?
     - 네, 한국 유학생입니다.
   - 일본 사람입니까?
     - 네, 일본 사람입니다.

2. 名詞文の否定形 -가/이 아닙니다./아닙니까?
   - 선생님입니까?
     - 아니요, 저는 선생님이 아닙니다.
   - 학교가 아닙니까?
     - 네, 학교가 아닙니다.

3. 母音語幹用言の「です・ます」形 -ㅂ니다./-ㅂ니까?
   - 어디에 갑니까?
     - 서점에 갑니다.
   - 무엇을 삽니까?
     - 책을 삽니다.

4. 子音語幹用言の「です・ます」形 -습니다./-습니까?
   - 무엇을 먹습니까?
     - 불고기를 먹습니다.
   - 신문을 읽습니까?
     - 아니요, 소설을 읽습니다.

語句　일본 사람 (日本人)　서점 (書店)　사다 (買う)　신문 (新聞)　읽다 [익따] (読む)　소설 (小説)

5. ㄹ語幹用言の「です・ます」形 -ㅂ니다./-ㅂ니까?

- 무엇을 만듭니까?
  - ―김치찌개를 만듭니다.
- 집이 멉니까?
  - ―네, 아주 멉니다.

（2）助詞

15-2

1. -는/은

- 고향은 어디입니까?
  - ―고향은 서울입니다.
- 취미는 무엇입니까?
  - ―취미는 여행입니다.

2. -도

- 오빠도 학생입니까?
  - ―아니요, 오빠는 회사원입니다.
- 친구도 같이 갑니까?
  - ―네, 친구도 같이 갑니다.

3. -에

- 어디에 갑니까?
  - ―도서관에 갑니다.
- 교실에 있습니까?
  - ―아니요, 집에 있습니다.

語句 | 김치찌개 (キムチチゲ)　고향 (故郷)　서울 (ソウル)　취미 (趣味)　여행 (旅行)
같이 [가치] (一緒に)　있다 (ある・いる)

4. -가/이

- 친구가 집에 옵니까?

  −네, 집에 친구가 옵니다.

- 점심은 무엇이 좋습니까?

  −저는 라면이 좋습니다.

5. -를/을

- 친구를 기다립니까?

  −네, 한국 친구를 기다립니다.

- 무엇을 먹습니까?

  −삼계탕을 먹습니다.

6. -와/과/하고

- 아버지와 어머니는 지금 어디에 있습니까?

  −아버지하고 어머니는 지금 집에 있습니다.

- 산과 바다, 어디가 좋습니까?

  −산하고 바다, 다 좋습니다.

7. -에서

- 어디에서 밥을 먹습니까?

  −학생 식당에서 먹습니다.

- 역에서 누구를 기다립니까?

  −친구하고 역에서 만납니다.

語句	라면 (ラーメン) 삼계탕 (サムゲタン) 지금 (今) 산 (山) 바다 (海) 다 (全て、全部)
	누구 (誰) 만나다 (会う)

自己紹介をしてみよう

15-3

例	こんにちは。初めまして。	안녕하세요. 처음 뵙겠습니다.
	私は田中ゆりです。	저는 다나카 유리입니다.
	会えて嬉しいです。	만나서 반갑습니다.
	日本の大学生です。	일본 대학생입니다.
	学校で韓国語を勉強します。	학교에서 한국어를 공부합니다.
	韓国の友達もいます。	한국 친구도 있습니다.
	友達は留学生です。	친구는 유학생입니다.
	いつも友達と家に帰ります。	언제나 친구하고 집에 갑니다.
	趣味は旅行です。	취미는 여행입니다.
	よろしくお願いします。	잘 부탁합니다.

自己紹介練習 上の例文を参考にして、自己紹介文を書いてみましょう。

覚えよう

직업 (職業)	초등학생 (小学生)　중학생 (中学生)　고등학생 (高校生)　대학생 (大学生)
	회사원 (会社員)　공무원 (公務員)　교사 (教師)　의사 (医師) 간호사 (看護師)
취미 (趣味)	음악 감상 (音楽鑑賞)　영화 (映画)　야구 관전 (野球 観戦)　댄스 (ダンス)
	축구 (サッカー)　독서 (読書)　수영 (水泳)　등산 (登山)　낚시 (釣り)　요리 (料理)

語句	처음 뵙겠습니다 (初めまして)　대학생 (大学生)　언제나 (いつも)
	잘 부탁합니다 [잘부타캄니다] (よろしくお願いします)

第16課

오늘은 학교에 가지 않습니다.

今日は学校に行きません。

◀ キーフレーズ ▶

((🎤))
16-1

오늘은 학교에 **가지 않습니다.**	今日は学校に行きません。
버스를 **타지 않습니다.**	バスに乗りません。
오늘은 **공부 안 합니까?**	今日は勉強しませんか。
음식을 **안 만듭니다.**	料理を作りません。

*「〜に乗る」は p.160 覚えよう を参照

POINT1 用言の否定表現① 用言＋ません（か）

| 平叙形 | 用言の語幹＋**지 않습니다.**
[안씀니다] | 基本形
가다
（行く） | **가지 않습니다.**
行きません |
| 疑問形 | 用言の語幹＋**지 않습니까?**
[안씀니까] | | **가지 않습니까?**
行きませんか |

★否定表現は用言の語幹（パッチムの有無は関係なくすべての語幹）に지 않다が付きます。
（않습니다、않습니까の基本形は**않다**[안타]）

POINT2 用言の否定表現② 用言＋ません（か）

| 平叙形 | **안**＋ㅂ/습니다. | 基本形
먹다（食べる） | **안 먹습니다.** 食べません |
| 疑問形 | **안**＋ㅂ/습니까? | | **안 먹습니까?** 食べませんか |

★用言の否定表現は上記①と②の2種類ありますが、どちらも同じ意味で使います。

▶注意◀ 名詞하다（する）の場合、否定を表す「안」は動詞「하다」の前に来ます。

| 勉強する | 공부하다 | 공부하지 않습니다. | 공부 **안** 합니다. |
| 運転する | 운전하다 | 운전하지 않습니다. | 운전 **안** 합니다. |

　ただし、깨끗하다（きれいだ）や좋아하다（好む）のように하다の前が名詞ではない場合は、全体の前に안が来て、**안 깨끗합니다、안 좋아합니다**のようになります。

練習 次の用言を지 않습니다、안〜を使って否定の文にしてみましょう。

意味	基本形	지 않습니다	안 + ㅂ/습니다
1. 買う	사다		
2. 忙しい	바쁘다		
3. 食べる	먹다		
4. 聞く	듣다		
5. 遊ぶ	놀다		
6. 働く	일하다		

会話

16-2

유리 : 민기 씨, 오늘 학교에 가지 않습니까?

민기 : 네, 오늘은 학교에 안 갑니다. 수업이 없습니다.

유리 : 식당 아르바이트도 쉽니까?

민기 : 아니요, 아르바이트는 쉬지 않습니다.

유리 : 식당에서 음식도 만듭니까?

민기 : 아니요, 저는 음식을 안 만듭니다. 주문만 받습니다.

語句 타다 (乗る)　-를/을 타다 (-に乗る)　음식 (料理、食べ物)　운전하다 (運転する)
좋아하다 (好きだ・好む) ↵
일하다 (働く)　수업 (授業)　없다 [업따] (ない、いない)　아르바이트 (アルバイト)　쉬다 (休む)
주문 (注文)　만 (だけ、ばかり)　받다 (受ける)

総合練習 2種類の否定表現を使って空欄を埋めましょう。

1. コーヒーは飲みません。

　　커피는 ① ＿＿＿＿＿＿＿＿＿＿＿＿ . ② ＿＿＿＿＿＿＿＿＿＿＿＿ .

2. バスに乗りません。（**覚えよう1** 参照）

　　버스를 ① ＿＿＿＿＿＿＿＿＿＿＿＿ . ② ＿＿＿＿＿＿＿＿＿＿＿＿ .

3. 週末には勉強しません。

　　주말에는 ① ＿＿＿＿＿＿＿＿＿＿＿＿ . ② ＿＿＿＿＿＿＿＿＿＿＿＿ .

4. 今日は学校に行きません。

　　오늘은 학교에 ① ＿＿＿＿＿＿＿＿＿＿＿＿ . ② ＿＿＿＿＿＿＿＿＿＿＿＿ .

5. 準備しません。

　　① ＿＿＿＿＿＿＿＿＿＿＿＿ . ② ＿＿＿＿＿＿＿＿＿＿＿＿ .

覚えよう1

　韓国語では「〜に乗る」というとき、를/을 타다 のように日本語の「を」に当たる助詞が前に来ます。 注意して覚えましょう。

例 버스를 탑니다.　　　バスに乗ります 。
　　　전철을 탑니까?　　電車に乗りますか 。

語句 마시다 (飲む)　준비하다 (準備する)

作文練習 次の日本語を2種類の否定表現を使って韓国語に直しましょう。
16-3

1. 今日、忙しくありませんか。

2. 韓国のキムチ、辛くありませんか。

3. 授業中には寝ません。

4. お菓子は食べません。

5. 最近、運動していません (しません)。

覚えよう2

存在詞の否定表現について

存在詞「있다」の否定表現は反対語である「없다」になります。

例 맛있습니다 (おいしいです) ⇔ 맛없습니다 (まずいです)
　　재미있습니다 (面白いです) ⇔ 재미없습니다 (面白くないです)

語句	김치 (キムチ)　맵다 (辛い)　중 (〜中)　수업 중 (授業中)　자다 (寝る)　과자 (お菓子)
	요즘 (最近、この頃)　운동하다 (運動する)　맛있다 [마싣따/마딛따] (おいしい)
	맛없다 [마덥따] (まずい) → 発音規則10 (p.173参照)　재미없다 [재미업따] (つまらない)

3일부터 5일까지 한국에 갑니다.

3日から5日まで韓国に行きます。

◀ キーフレーズ ▶

17-1

여름 방학은 언제**부터**입니까?	夏休みはいつからですか。
내일은 8(팔)월 30(삼십)일입니다.	明日は8月30日です。
제 생일은 11(십일)월 6(육)일입니다.	私の誕生日は11月6日です。
월요일**부터** 금요일**까지** 수업이 있습니다.	月曜日から金曜日まで授業があります。

17-2

POINT1 漢字語数詞

一	二	三	四	五	六	七	八	九	十
일	이	삼	사	오	육	칠	팔	구	십
十一	十二	十三	十四	十五	十六	十七	十八	十九	二十
십일	십이	십삼	십사	십오	십육	십칠	십팔	십구	이십
三十	四十	五十	六十	七十	八十	九十	百	千	万
삼십	사십	오십	육십	칠십	팔십	구십	백	천	만

① 십육 (16)、이십육 (26)、삼십육 (36)…は [심뉵, 이심뉵, 삼심뉵…] と発音します。

→ 発音規則9 (p.173 参照)

② 日常会話では、백 천 만 の前に 일 (一) は入れません。 1万→만

③ ゼロは「영 (零)」または「공 (空)」と言います。電話番号では「공」を用います。

練習1 次の数字をハングルで書いてみましょう。

28		62	
123		570	
5,985		12,427	

語句	여름 (夏)　방학 (学校の長期休み)　여름 방학 (夏休み)　월 (〜月)　일 (〜日)　제 (私の)
	생일 (誕生日)　영 (零、ゼロ)　공 (ゼロ)

POINT2　年・月・日：년・월・일

▶年の言い方

1988年	2020年
千九百八十八年	二千二十年
천구백 팔십팔 년 [천구백팔씹팔련]	이천 이십 년 [이처니심년]

→ 発音規則4 （p.170参照）

▶月日の言い方

一月	二月	三月	四月	五月	六月	七月	八月	九月	十月	十一月	十二月
일월	이월	삼월	사월	오월	유월	칠월	팔월	구월	시월	십일월	십이월

一日	二日	三日	四日	五日	六日	七日	八日	九日	十日
일 일	이 일	삼 일	사 일	오 일	육 일	칠 일	팔 일	구 일	십 일

十一日	十二日	十三日	十四日	十五日	二十一日	二十九日	三十日
십일 일	십이 일	십삼 일	십사 일	십오 일	이십일 일	이십구 일	삼십 일

① 6月と10月は他の月と違い、「元の数字＋월」ではないので気を付けましょう。

②「何月」は몇 월 [며둴]、「何日」は며칠と言います。

　例　何月何日ですか。　몇 월 며칠입니까?

練習2　次の数字をハングルで書いてみましょう。

1. 1950年6月25日 ....

2. 2000年10月7日 ....

3. 2022年4月1日 ....

POINT3　助詞：〜から・〜まで

名詞＋から	名詞＋まで（に）
부터	까지

語句　년 (〜年)　몇 (何：数を尋ねる)　몇 월 [며둴] (何月)　며칠 (何日)

① 「부터」は主に時間を表す名詞に付いて、日本語の「から」と同じように時間や順序の起点を表します。

② 「까지」は名詞に付いて、日本語の「まで」と同じように時間や範囲、到着点を表します。

例　언제부터 언제까지　　　いつからいつまで

　　월요일부터 금요일까지　　月曜日から金曜日まで

会話

民기 : 여름 방학은 언제부터입니까?

유리 : 7월 26일부터입니다.

民기 : 방학 때 무엇을 합니까?

유리 : 친구하고 한국에 갑니다.

民기 : 언제부터 언제까지 갑니까?

유리 : 9월 7일부터 10일까지 갑니다. 정말 기대됩니다.

総合練習 次の質問に対し、カッコ内の日付で答えてみましょう。(★覚えよう 参照)

1. 한국어 시험은 언제입니까? (6月10日)

2. 생일은 언제입니까? (自分の誕生日を言ってみましょう)

3. 5월 5일은 무슨 날입니까? (어린이날)

4. 한글날은 몇 월 며칠입니까? (10月9日)

5. 크리스마스는 몇 월 며칠입니까? (12月25日)

語句	때 (〜の時)　한국 (韓国)　언제 (いつ)　정말 (本当に)　기대되다 (楽しみだ)　시험 (試験)
	무슨 (何の)　날 (日)　어린이날 (子どもの日)　한글날 [한글랄] (ハングルの日)
	크리스마스 (クリスマス)

作文練習 次の日本語を韓国語に直し、この課で学んだことを確認しましょう。数字はハン 🎤
グルで書くこと。 17-4

1. 韓国には8月11日から14日まで行きます。

2. 夏休みは7月23日からです。

3. 授業は何曜日から何曜日までありますか。

4. 6月に友達と一緒にソウルに行きます。

5. 冬休みは1月5日までです。

覚えよう

曜日の言い方

月曜日	火曜日	水曜日	木曜日	金曜日	土曜日	日曜日
월요일	화요일	수요일	목요일	금요일	토요일	일요일

① 日本語と同じように「月火水木金土日」월화수목금토일のように縮約して言うこともあります。

② 「何曜日ですか」は、무슨 요일 [무슨뇨일] 입니까?

語句 수업 (授業) 무슨 요일 [무슨뇨일] (何曜日) 같이 [가치] (一緒に) 서울 (ソウル)
겨울 방학 (冬休み)

第18課

유학생이에요.
留学生です。

◀ キーフレーズ ▶

18-1

제 친구**예요**.	私の友達です。
호주 유학생**이에요**.	オーストラリアの留学生です。
언니(누나)는 대학생이 **아니에요**.	姉は大学生ではありません。
저는 경제학을 **공부해요**.	私は経済学を勉強しています。

POINT1 　名詞文の해요体　名詞＋「です（か）/ ではありません（か）」（해요体①）

平叙形	パッチム㊪名詞+**예요(?)**	〜です（か）
	パッチム㊒名詞+**이에요(?)**	
否定形	パッチム㊪名詞+**가 아니에요(?)**	〜ではありません（か）
	パッチム㊒名詞+**이 아니에요(?)**	

① 예요と이에요は、第10課で学習した입니다/입니까（です・ですか）と同じ意味ですが、少し柔らかい文体で使われます。このように最後が요になる丁寧体を**해요体**と言います。

② 否定形は第11課で学んだ가/이 아닙니다の해요体文、가/이 아니에요を使います。

③ 해요体では平叙形と疑問形は同じ形です。疑問形は末尾に「？」を付け、発音する際はイントネーションが少し上がります。

④ これまで学習した**합니다体**が格式のあるかしこまった言い方であるのに対し、今回学ぶ**해요体**は丁寧でありつつも柔らかい言い方となります。意味は同じですが、場面や相手によって使い分けます。

例 학생입니까?/학생이에요? 学生ですか。

語句 　호주（オーストラリア）　경제학（経済学）

練習1 以下の名詞に예요/이에요や가/이 아니에요をつけ「〜です」「〜ではありません」という해요体の文を作りましょう。

-예요./이에요.　〜です		-가/이 아니에요.　〜ではありません	
1. 제 친구 　私の友達		1. 우리 어머니 　うちの母	
2. 얼마 　いくら		2. 대학생 　大学生	
3. 일 학년[항년] 　1年生		3. 우리 선생님 　私達の先生	

POINT2　하다用言の해요体　「〜ます(か)・です(か)」(해요体②)

하다用言の語幹	해요.(?)	〜ます(か)・です(か)

▶하다 (する) や 공부하다 (勉強する) などのように하다が付く動詞、形容詞を**하다用言**と言います。하다用言は、他の用言とは活用が異なり、해요体はすべて次のように「**〜해요**」の形になります。

例　공부하다 (勉強する) →　공부해요　勉強します
　　깨끗하다 (きれいだ) →　깨끗해요　きれいです

練習2 次の用言を해요体の平叙形「〜です・ます」と疑問形「〜ですか・ますか」の形に直しましょう。

	基本形と意味	-해요.【平叙形】	-해요?【疑問形】
動詞	1. 사랑하다 愛する		
	2. 산책하다 散歩する		
	3. 일하다 働く		
形容詞	4. 따뜻하다 暖かい		
	5. 조용하다 静かだ		
	6. 깨끗하다 きれいだ		

語句	우리 (うちの、私達の)　얼마 (いくら)　학년 [항년] (〜年生、学年)　사랑하다 (愛する) 산책하다 [산채카다] (散歩する)　따뜻하다 [따뜨타다] (暖かい)　조용하다 (静かだ) 깨끗하다 [깨끄타다] (きれいだ)

会話

민기 : 이쪽은 제 친구예요.

유리 : 안녕하세요. 저는 유리예요.

샤론 : 안녕하세요. 저는 샤론이에요. 호주 유학생이에요.

유리 : 샤론 씨는 어느 대학교에서 공부해요?

샤론 : 저는 에도대학교에서 경제학을 공부해요.

유리 : 앞으로 잘 부탁해요.

総合練習 次の韓国語の質問にかっこ内の語句を使って<u>해요体で</u>答えてみましょう。 4と5
は自分で自由に答えを考えてみましょう。

1. 이 사람은 누구예요? (언니)

2. 생일이 언제예요? (10월 29일)

3. 몇 학년이에요? (1학년)

4. 무슨 음식을 싫어해요?　★

5. 가수 중에서 누구를 좋아해요?　★

★次ページ **覚えよう** 参照

語句	
이쪽 (こちら)　제 (私の)　샤론 (シャーロン：人名)　어느 (どの)　**대학교** (大学)	
앞으로 (今後、これから)　**잘 부탁하다** (よろしく頼む)　몇 학년 [며탕년] (何年生)	
좋아하다 (好きだ、好む)　**싫어하다** [시러하다] (嫌いだ、嫌う)　**가수** (歌手)	
중에서 (〜の中で)　누구 (誰)	

覚えよう

〜를/을 좋아하다は「〜が好きだ、〜を好む」、**〜를/을 싫어하다**は「〜が嫌いだ、〜を嫌う」という意味です。日本語の「〜が好きだ」「〜が嫌いだ」と助詞が異なるので注意して覚えましょう。

作文練習 次の日本語を韓国語に直し、この課で学んだことを確認しましょう。文末は해요
体にしましょう。

18-3

1. あの人は韓国の留学生です。

2. うちの父は医者ではありません。

3. 韓国料理の中で何が好きですか。(「何が」の部分は무엇을の縮約形뭘を使う)

4. 週末にはコンビニで働いています。

5. 趣味は何ですか。

語句	저 (あの)　　한국 유학생 [한궁뉴학쌩] (韓国の留学生)　　의사 (医者)　　**한국 음식** (韓国料理) 뭘＝무엇을の縮約形 (何を)　　주말 (週末)　　**편의점** [펴니점] (コンビニエンスストア) 취미 (趣味)　　뭐＝무엇 (何)

第19課

무슨 책을 찾아요?

何の本を探していますか。

◀ キーフレーズ ▶

(🎙️)
19-1

도서관에서 책을 **찾아요.**	図書館で本を探します。
학교**에서** 집**까지 멀어요.**	学校から家まで遠いです。
역사책을 **읽어요.**	歴史の本を読みます。
주말에는 시간이 **없어요.**	週末には時間がありません。

POINT1 **子音語幹用言の해요体　用言＋「です（か）・ます（か）」（해요体③）**

陽母音語幹＋**아요**	～です（か）・ます（か）	팔아요. 売ります。 팔아요? 売りますか。
陰母音語幹＋**어요**		먹어요. 食べます。 먹어요? 食べますか。

① 子音語幹（語幹の最後にパッチムがある語幹⇒第13課参照）の해요体を作る際、用言の語幹の最後の母音がㅏ、ㅗ（**陽母音**）の場合には語尾**아요**を、ㅏ、ㅗ以外の母音（陰母音）に語尾**어요**を付けます。

② 第18課で学習した指定詞や하다用言と同様に、해요体では平叙形と疑問形が同じ形になります。疑問形は「?」をつけ、発音する時はイントネーションが少し上がります。

③ 해요体は平叙形・疑問形以外に勧誘（～しましょう）や命令（～してください）の意味で使われることがあります。

練習 次の用言に해요体の語尾「아요/어요」を付けて「～ます・です」という形を作ってみましょう。

意味	基本形	活用	意味	基本形	活用
1. 読む	읽다		2. 開ける	열다	
3. 着る	입다		4. 甘い	달다	

語句 　역사책（歴史の本）　　시간（時間）　　열다（開ける）　　입다（着る）

5. ない・いない	없다		6. 知る	알다	
7. 笑う	웃다		8. 小さい	작다	
9. 多い	많다		10. 嫌だ	싫다	

POINT2 助詞：～から・～まで

名詞+から	名詞+まで
에서	**까지**

① 「에서」は主に場所を表す名詞に付いて、範囲や場所の起点を表します。

② 「까지」は到着、到達点を表します。

例　공항에서 호텔까지　　（空港からホテルまで）

　　집에서 학교까지　　　（家から学校まで）

　　서울에서 부산까지　　（ソウルから釜山まで）

　　한국에서 일본까지　　（韓国から日本まで）

会話

19-2

민기 : 무슨 책을 찾아요?

유리 : 역사책을 찾아요.

민기 : 역사에 관심이 많아요?

유리 : 네, 특히 동아시아 역사책을 자주 읽어요.

민기 : 여기에서 저기까지가 역사 관련 자료예요.

語句　싫다 [실타] (嫌いだ)　　호텔 (ホテル)　　부산 (プサン・釜山)　　관심 (関心)

관심이 많다 (関心が高い)　　특히 [트키] (特に)　　동아시아 (東アジア)　　자주 (よく、頻繁に)

저기 (あそこ)　　관련 [괄련] (関連)　　자료 (資料)

総合練習 日本語の意味に合うように空欄を埋めましょう。用言は해요体にすること。

1. 비빔밥을 ＿＿＿＿＿＿＿＿＿＿＿.　　ビビンバを食べます。

2. 역 ＿＿＿＿＿ 학교 ＿＿＿＿＿＿ 멀어요.　駅から学校まで遠いです。

3. 바지가 ＿＿＿＿＿＿＿＿＿＿.　　ズボンが短いです。

4. 그 사람을 ＿＿＿＿＿＿＿＿＿＿.　　その人を知っています。

5. 한국에서는 한라산이 가장 ＿＿＿＿＿＿＿＿＿＿.

　　　　　　　　　　　　　　　韓国ではハルラ山が一番高いです。

作文練習 次の日本語を韓国語に直し、この課で学んだことを確認しましょう。
文末は해요体にすること。

19-3

1. 私は横浜に住んでいます。

2. 週末には時間があります。

3. 空港からホテルまで遠いですか。

4. 何を作っていますか。

5. 韓国 (の) 友達はまだいません。

語句　바지 (ズボン)　짧다 [짤따] (短い)　그 (その)　한라산 [할라산] (ハルラ〈漢拏〉山)
가장 (一番、最も)　높다 (高い)　살다 (住む)　공항 (空港)　호텔 (ホテル)　만들다 (作る)
아직 (まだ)

第20課

친구를 만나요.

友達に会います。

◀ キーフレーズ ▶

🎙
20-1

대학교에서 뭘 **배워요**?	大学で何を学びますか。
비가 많이 **와요**.	雨がたくさん降ります。
매점에서 친구를 **만나요**.	売店で友達に会います。
커피를 **마셔요**.	コーヒーを飲みます。

POINT1 母音語幹用言の해요体　用言＋「です（か）・ます（か）」（해요体④）

陽母音語幹＋**아요(?)**	〜です（か）・ます（か）
陰母音語幹＋**어요(?)**	

① 母音語幹用言（語幹の最後にパッチムがない用言⇒第12課参照）の「해요体」も基本的に陽母音・陰母音に従って아요/어요が接続しますが、接続する際に母音が脱落、または縮約することがあります。

② 第18、19課で学習したように해요体では平叙形と疑問形が同じ形になります。疑問形は「?」をつけ、発音する時は文末を上げます。勧誘や命令の意味で使われることもあります。

▶母音아・어が脱落：語幹の最後の母音が ㅏ ㅓ ㅕ ㅐ ㅔ の場合

1）ㅏ+아요→ㅏ요　例：가다 (行く)　　　　가 + 아요 → 가요

2）ㅓ+어요→ㅓ요　例：서다 (立つ)　　　　서 + 어요 → 서요

3）ㅕ+어요→ㅕ요　例：켜다 (電気などをつける)　　켜 + 어요 → 켜요

4）ㅐ+어요→ㅐ요　例：끝내다 (終える)　　끝내 + 어요 → 끝내요

5）ㅔ+어요→ㅔ요　例：세다 (数える)　　　세 + 어요 → 세요

　　　＊つまり上記の場合、脱落した結果、**語幹＋요と同じ形**になります。

語句	배우다 (学ぶ、習う)　많이 [마니] (たくさん、多く)　서다 (立つ)　켜다 (〈電気などを〉つける)　끝내다 [끈내다] (終える)　세다 (数える)

▶母音が縮約：語幹の最後の母音が ㅗ ㅜ ㅚ ㅣ の場合

6） ㅗ+아요→ㅘ요　　例：보다（見る）　　보 + 아요 → 봐요（보아요）

7） ㅜ+어요→ㅝ요　　例：주다（与える）　　주 + 어요 → 줘요（주어요）

8） ㅚ+어요→ㅙ요　　例：되다（なる）　　되 + 어요 → 돼요（되어요）

9） ㅣ+어요→ㅕ요　　例：마시다（飲む）　　마시 + 어요 → 마셔요

★6）〜8）については縮約しない形（カッコ内）も使えますが、以下の例のように語幹
の最後が母音のみの場合は縮約形しか使えません。

例　오다（来る、降る）　　오 + 아요 → 와요（×오아요）

　　배우다（学ぶ）　　　배우 + 어요 → 배워요（×배우어요）

練習 次の用言に丁寧形の語尾「아요/어요」をつけて言ってみましょう。

意味	基本形	活用	意味	基本形	活用
1. 会う	만나다		2. 見える・見せる	보이다	
3. 立つ	서다		4. 変える	바꾸다	
5. 飲む	마시다		6. なる	되다	
7. 送る	보내다		8. 学ぶ	배우다	
9. 見る	보다		10. 数える	세다	
11. 来る	오다		12. 電気・電源をつける	켜다	

語句　보다（見る）　주다（与える）　되다（なる）　보이다（見える・見せる）　바꾸다（変える）
보내다（送る）

> 민기 : 어디 가요?
>
> 유리 : 학교 매점에 가요.
>
> 민기 : 그럼, 같이 가요*. 저는 매점에서 친구를 만나요.
>
> 유리 : 저는 커피를 사요. 민기 씨는 친구하고 뭘 해요?
>
> 민기 : 친구하고 커피를 마셔요. 유리 씨도 같이 마셔요*.

＊勧誘「行きましょう」「飲みましょう」の意味で使われます。

覚えよう

「〜に会う」の助詞

　韓国語で「〜に会う」と言うとき **를/을 만나다** のように日本語の「を」に当たる助詞が前に来ます。注意して覚えましょう。

総合練習 次の用言を해요体に直し、文章を完成させましょう。

1. 타다 （乗る）　　　버스를 ....

2. 기다리다 （待つ）　　친구를 ....

3. 배우다 （学ぶ）　　대학교에서 뭘 .... ?

4. 보내다 （送る）　　우체국에서 소포를 ....

5. 비싸다 （〈値段が〉高い）　이 자동차는 꽤 ....

語句	매점 (売店)　**그럼** (では)　같이 [가치] (一緒に)　뭘=무엇을 (何を)　버스 (バス)　대학교 (大学)　우체국 (郵便局)　**소포** (小包)　**자동차** (自動車)　**꽤** (かなり、非常に)　비싸다 (〈値段が〉高い)

20-3

作文練習 次の日本語を韓国語に直し、この課で学んだことを確認しましょう。
文末は해요体にすること。

1. カフェでコーヒーを飲みます。

2. 友達と一緒にデパートに行きます。

3. 日本は韓国より交通費が高いです。

4. コンビニの前で友達に会います。

5. 6月は雨がたくさん降ります。

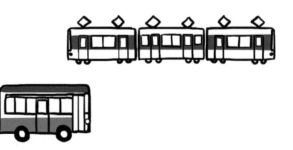

語句　카페 (カフェ)　백화점 [배콰점] (デパート、百貨店)　보다 (〜より)　교통비 (交通費)
편의점 [펴니점] (コンビニエンスストア)　앞 (前)　비가 오다 (雨が降る)

第21課

커피 두 잔 주세요.

コーヒー2杯ください。

◀ キーフレーズ ▶

21-1

커피 **두 잔** 주세요.	コーヒー2杯ください。
3(세)시에 수업이 끝나요.	3時に授業が終わります。
어머니**한테서** 매달 용돈을 받아요.	母から毎月お小遣いをもらいます。
친구**에게** 선물을 보내요.	友達にプレゼントを送ります。

*주세요는、動詞주다 (くれる) の語幹に丁寧な依頼を表す語尾 세요がついた形で「ください」という意味を表します。詳しくは第27課と第42課で学習しますが、今は「주세요＝ください」と覚えておきましょう。

POINT1　固有語数詞

21-2

1	2	3	4	5	6	7	8	9	10
하나	둘	셋	넷	다섯	여섯	일곱	여덟	아홉	열
11	12	13	14	15	16	17	18	19	20
열하나	열둘	열셋	열넷	열다섯	열여섯	열일곱	열여덟	열아홉	스물

① 第17課で学習した漢字語数詞とは異なる助数詞と共に使われます。日本語の「ひとつ」「ふたつ」「みっつ」のように数える際にもこの固有語数詞を使います。

②「20、30、40…」は全て違う数詞を使いますが、まず20までを覚えましょう。

③ 8、14、16、18などの発音は以下のようになるので気を付けましょう。

　여덟[여덜]　열넷[열렏]　열여섯[열려섣]　열여덟[열려덜] 発音規則４、９ (p.170、173参照)

POINT2　固有語数詞につく助数詞、時間の言い方

元の形	하나	둘	셋	넷	스물
助数詞が付く形の例	**한** 시 1時	**두** 개 2個	**세** 장 3枚	**네** 명 4名	**스무** 살 20歳

★後ろに助数詞がつくとき、1〜4と20はそれぞれ한、두、세、네、스무のように形が変わります。

いろいろな助数詞の例

개 (個)	**세** 개 (3個)、열 개 (10個)、열여덟 개 (18個)
잔 (杯)	**두** 잔 (2杯)、네 잔 (4杯)
장 (枚)	**한** 장 (1枚)、**열두** 장 (12枚)、**스무** 장 (20枚)
권 (冊)	**세** 권 (3冊)、일곱 권 (7冊)、열다섯 권 (15冊)
명 (名、人)	**세** 명 (3人)、열 명 (10人)、열일곱 명 (17人)
살 (歳)	열 살 (10歳)、열여덟 살 (18歳)、스무 살 (20歳)
시 (時)	아홉 시 (9時)、**열한** 시 (11時)、**열두** 시 (12時)
시 분 (〜時〜分)	**한** 시 이십 분 (1時20分)　　다섯 시 사십오 분 (5時45分)

① 時間を言うとき、「〜時」は固有語数詞、「〜分」は漢字語数詞で言います。

② 「〜時半」というときの「半」は**반**です。　　例　2時半　두 시 반

③ 数字を尋ねる際の「何」は**몇**を使います。

　　例　몇 시예요?　何時ですか。　　　몇 살입니까?　何歳ですか。

練習 次の日本語を韓国語に直しましょう。数字はハングルで書くこと。

4個		12個	
3時30分		7時15分	
11時55分		10時18分	
20歳		何杯	

POINT3　助詞：(人・動物) に、から

(人・動物) **に**	(人・動物) 에게	(人・動物) 한테
	친구**에게**　友達に	강아지**한테**　子犬に
(人・動物) **から**	(人・動物) 에게서	(人・動物) 한테서
	어머니**에게서**　母から	동생**한테서**　弟 (妹) から

語句	잔 (〜杯)　주세요 (ください)　시 (〜時)　끝나다 [끈나다] (終わる)　매달 (毎月) 용돈 (お小遣い)　개 (〜個)　장 (〜枚)　명 (〜名)　살 (〜歳) ↵ 권 (〜冊)　분 (〜分)　반 (〜半)　강아지 (子犬)　동생 (弟・妹)

① 人や動物などについて「誰々に」と言うときには、**에ではなく**에게か한테を使い、「誰々から」と言うときには、**에서ではなく**에게서か한테서を使います。

② 에게、에게서は話し言葉、書き言葉の両方で使いますが、한테、한테서は主に話し言葉で使います。

> 例　친구에게 편지를 보내요.　　友達に手紙を送ります。
> 　　강아지한테 물을 줘요.　　子犬に水をやります。
> 　　어머니에게서 전화가 와요.　　母から電話が来ます。
> 　　동생한테서 메일을 받아요.　　弟 (妹) からメールを受け取ります。

会話

민기 : 유리 씨, 우리 같이 커피 마셔요.

유리 : 미안해요. 아직 수업이 있어요.

민기 : 그럼 언제가 괜찮아요?

유리 : 3시에 수업이 끝나요. 3시 반에 카페에서 만나요.

…카페에서…

점원 : 어서 오세요.

민기 : 여기요, 커피 두 잔 주세요. 그리고 샌드위치도 하나 주세요.

総合練習 日本語の意味に合うように空欄を埋めましょう。**数字はハングルで書くこと。**

1. 9時から11時半まで授業があります。　_____ 수업이 있어요.

2. リンゴを3つ、弟にあげます。　사과를 세 개 _____ 줘요.

語句　편지 (手紙)　메일 (メール)　우리 (私たち)　미안하다 (すまない)　아직 (まだ)　언제 (いつ)
괜찮다 [괜찬타] (大丈夫だ)　카페 (カフェ)　점원 (店員)　어서 오세요 (いらっしゃいませ)
여기요 (あの、すみません)　그리고 (それから、そして)　샌드위치 (サンドイッチ)　사과 (りんご)
남동생 (弟)

3. チケットを4枚ください。　　　　　　표를 .... 주세요.

4. ユミさんは20歳ですか。　　　　　　유미 씨는 .... ?

5. 8時32分 (の) 電車に乗ります。　　　........................... 전철을 타요.

🎙️ **作文練習** 次の日本語を韓国語に直し、この課で学んだことを確認しましょう。
21-4　　　　　　文末は해요体にし、数字はハングルで書くこと。

1. 今学期は教科書が何冊必要ですか。

2. 教室に学生が15人います。

3. 祖父から毎月お小遣いをもらいます。

4. リンゴ4個とミカン8個ください。

5. 母に誕生日プレゼントを送ります。

覚えよう

20以上の固有語数詞

20	30	40	50	60	70	80	90
스물	서른	마흔	쉰	예순	일흔	여든	아흔

① 固有語数詞は10ごとに違う語を使います。99 (아흔아홉) まであり、100以上は漢字語
数詞と合わせて使います。　**例** 123 (백스물셋)
② その他、固有語数詞と共に使われる助数詞としては、시간 (時間)、병 (本：瓶などを数え
る) などがあります。

語句　표 (チケット)　이번 (今〜、今度の)　학기 (学期)　이번 학기 (今学期)　교과서 (教科書)
필요하다 (必要だ)　할아버지 (祖父)　귤 (みかん)　선물 (プレゼント)　보내다 (送る)

復習（第16課～第21課）

文型練習

1. 否定形지 않습니다, 안の否定

22-1

- 오늘 학교에 갑니까?

 ―아니요, 오늘은 학교에 가지 않습니다.

- 매일 아침 무엇을 먹습니까?

 ―저는 보통 아침을 안 먹습니다.

2. 漢字語数詞

- 언제 한국에 갑니까?

 ―3일부터 5일까지 갑니다.

- 생일이 언제입니까?

 ―6월 12일입니다.

3. 指定詞、하다用言の해요体

- 민기 씨는 유학생이에요?

 ―네, 한국 유학생이에요.

- 뭘 공부해요?

 ―한국어를 공부해요.

4. 子音語幹の해요体

- 무슨 책을 찾아요?

 ―역사책을 찾아요.

- 어디에서 사진을 찍어요?

 ―학교 정문 앞에서 찍어요.

語句	아침 (朝、朝ご飯)　보통 (普通、普段)　무슨 (何の)　사진 (写真)　찍다 (〈写真を〉撮る)
	사진을 찍다 (写真を撮る)　정문 (正門)

5. 母音語幹の해요体

- 일요일에 뭐 해요?

  —친구를 만나요.

- 여기에서 뭘 해요?

  —언니를 기다려요.

6. 固有語数詞

- 몇 살이에요?

  —20살이에요.

- 수업은 몇 시부터예요?

  —10시 50분부터예요.

22-2

応用練習1 1日の出来事

① 朝7時に起きます。	① 아침 7시에 일어나요.
② 8時半に学校に行きます。	② 8시 반에 학교에 가요.
③ 午前9時から12時10分まで授業が あります。	③ 오전 9시부터 12시 10분까지 수업이 있어요.
④ 友達と昼ご飯を食べます。	④ 친구하고 점심을 먹어요.
⑤ 午後には授業がありません。 アルバイトがあります。	⑤ 오후에는 수업이 없어요. 아르바이트(알바)가 있어요.
⑥ 夕方家で韓国のドラマを見ます。	⑥ 저녁에 집에서 한국 드라마를 봐요.
⑦ 9時に宿題をします。	⑦ 9시에 숙제를 해요.
⑧ 10時半にお風呂に入ります。	⑧ 10시 반에 목욕을 해요.
⑨ 11時に寝ます。	⑨ 11시에 자요.

語句 일어나다 (起きる) 오전 (午前) 점심 (昼ご飯) 오후 (午後) 알바 (アルバイトの短い言い方)
일어나다 (起きる) 오전 (午前) 점심 (昼ご飯) 오후 (午後) 알바 (アルバイトの短い言い方)
저녁 (夕方、夕食) 드라마 (ドラマ) 목욕 (入浴) 목욕을 하다 (お風呂に入る) 자다 (寝る)

1日の出来事練習 上の例文を参考にして、あなたの「1日の出来事」を書いてみましょう。

┌───┐
│   │
│ .... │
│ .... │
│ .... │
│ .... │
│ .... │
│ .... │
│ .... │
│ .... │
│   │
└───┘

応用練習2 1週間のスケジュール

🎙️ 22-3

① 月曜日には学校に行きます。 韓国語の授業があります。	① 월요일에는 학교에 가요. 한국어 수업이 있어요.
② 火曜日には友達と図書館で勉強します。	② 화요일에는 친구하고 도서관에서 공부해요.
③ 水曜日には1日中授業があります。 とても疲れます。	③ 수요일에는 하루 종일 수업이 있어요. 아주 피곤해요.
④ 木曜日には塾でアルバイトをします。	④ 목요일에는 학원에서 아르바이트를 해요.
⑤ 金曜日には授業が1つだけあります。 友達と夕飯を食べます。	⑤ 금요일에는 수업이 하나만 있어요. 친구하고 저녁을 먹어요.
⑥ 土曜日には妹と買い物に行きます。	⑥ 토요일에는 여동생하고 쇼핑을 가요.
⑦ 日曜日には友達と映画を見ます。 ランチも一緒に食べます。	⑦ 일요일에는 친구하고 영화를 봐요. 점심도 같이 먹어요.

語句	하루 종일 (一日中)　피곤하다 (疲れている)　학원 (塾)　−만 (～だけ) 쇼핑을 가다 (買い物にいく)　영화 (映画)

1週間のスケジュール練習 83ページの例文を参考にして、あなたの「1週間のスケジュール」を書いてみましょう。

```
┌─────────────────────────────────────────────────────────────────┐
│                                                                   │
│  ...........................................................      │
│                                                                   │
│  ...........................................................      │
│                                                                   │
│  ...........................................................      │
│                                                                   │
│  ...........................................................      │
│                                                                   │
│  ...........................................................      │
│                                                                   │
│  ...........................................................      │
│                                                                   │
│  ...........................................................      │
│                                                                   │
└─────────────────────────────────────────────────────────────────┘
```

覚えよう1

일과 (日課) 　일어나다 (起きる)　세수하다 (顔を洗う)　수업 (授業)　간식 (おやつ)

　　　　　　　동아리 (サークル)　과제 (課題)　목욕을 하다 (お風呂に入る)　자다 (寝る)

覚えよう2

★3度の食事 を表す語「아침 (朝食)」「점심 (昼食)」「저녁 (夕食)」はそれぞれ「朝」「昼」「夕方」という時間帯を表す意味もあります。「昼」については「낮」という別の語彙もあり、これは時間帯のみを表します。

　またこれらの時間帯を表す語が単独で使われる場合には에を伴います。

　例 아침에　　　朝 (아침が単独で使われている)

　　저녁 6시에　夜6時 (저녁は単独ではない)

第23課

조금 어렵지만 재미있어요.

少し難しいけど面白いです。

◀ キーフレーズ ▶

아침을 **먹고** 학교에 가요.	朝ごはんを食べて学校に行きます。
대학교를 졸업**하고** 유학을 가요.	大学を卒業して留学に行きます。
한국어는 조금 어렵**지만** 재미있어요.	韓国語は少し難しいけど面白いです。

23-1

POINT1 羅列や順序を表す接続形 -고 : ～て、～し

		하다 する	하고 して
用言の語幹+**고**	～て ～し		
		먹다 食べる	먹고 食べて

① 用言の語幹に付いて、対等な複数の事柄を羅列します。

② 時間上の順序 (～てから) を表します。

③ 「비행기를 타고 가요. (飛行機に乗って行きます)」や「모자를 쓰고 나가요. (帽子をかぶって出かけます)」のように、手段や様態 (～したまま) を表すこともできます。

④ 会話などでは「語幹＋고요.」の形で、「～です (ます) し。」のようにも用いられます。

　　例 기숙사는 편리해요. 학교에서도 가깝고요.

　　　(寮は便利です。学校からも近いですし。)

練習1 例のように「고」を使って2つの文をつなげ、文を完成させましょう。文末は해요体にすること。

　　例 숙제를 하다 / 목욕하다　　宿題をする / お風呂に入る

　　　→ 숙제를 하고 목욕해요.　　(宿題をしてお風呂に入ります。)

1. 친구와 영화를 보다 / 같이 식사도 하다　友達と映画を見る / 一緒に食事もする

　→ ....

語句	조금 (少し)　어렵다 (難しい)　졸업하다 [조러파다] (卒業する)　유학 (留学)　유학을 가다 (留学する)　비행기 (飛行機)　모자 (帽子)　쓰다 (かぶる、かける)　모자를 쓰다 (帽子をかぶる) 나가다 (出かける)　편리하다 [펄리하다] (便利だ)　가깝다 (近い)　-고요 (～ですし)

第23課　少し難しいけど面白いです。 **85**

2. 아침을 먹다 / 옷을 갈아입다　　　　　朝ご飯を食べる / 服を着替える

　　→ ....

3. 그들은 노래도 잘하다 / 춤도 멋있다　　彼らは歌も上手だ / ダンスも格好いい

　　→ ....

POINT2　**対立する事柄を表す接続形 −지만：〜けど、が**

語幹+**지만**	〜けど 〜だが 〜ですが	바쁘다 <small>忙しい</small>	바쁘**지만** <small>忙しいけど</small>
		있다 <small>ある・いる</small>	있**지만** <small>あるけど・いるけど</small>

① 用言の語幹に付いて、主に対立する事柄を述べる時に用いられます。
② 「실례지만 (失礼ですが)」や「죄송하지만 (申し訳ないですが)」のように慣用的に用いられる場合もあります。

練習2　例のように「지만」を使って2つの文をつなげ、文を完成させましょう。
　　　　　文末は해요体にすること。

例　한국어는 어렵다 / 재미있다　　　　韓国語は難しい / 面白い
　　→ 한국어는 어렵지만 재미있어요.　　（韓国語は難しいけど面白いです。）

1. 조금 맵다 / 맛있다　　　　　　　　　少し辛い / 美味しい

　　→ ....

2. 토요일이다 / 학교에 가다　　　　　　土曜日だ / 学校に行く

　　→ ....

3. 빵은 좋아하다 / 밥은 싫어하다　　　　パンは好きだ / ご飯は嫌いだ

　　→ ....

語句　옷 (服)　갈아입다 (着替える)　그들 (彼ら)　노래 (歌)　잘하다 (上手だ、よくできる)
　　　춤 (ダンス、踊り)　멋있다 (格好いい)　실례 (失礼)　죄송하다 (申し訳ない)

23-2

会話

민기 : 유리 씨, 오늘 시간 있어요?

유리 : 아니요, 오전에는 한국어 수업이 있고 오후에는

　　　동아리가 있어요. 그리고 저녁에는 아르바이트도

　　　있고요. 하지만 내일은 시간이 있어요.

민기 : 그럼 내일 같이 미술관에 가요. 한일 미술 교류전이

　　　있어요.

유리 : 네, 좋아요!

민기 : 그런데, 요즘 한국어 공부는 어때요?

유리 : 조금 어렵지만 재미있어요.

総合練習 文の意味に合うように、カッコ内の用言に語尾「고」または「지만」を付けて空欄を埋め、文を完成させましょう。

1. 오늘은 아주 ＿＿＿＿＿＿＿＿＿＿ 습도는 낮아요. (덥다 : 暑い)

2. 어머니는 빨래를 ＿＿＿＿＿＿＿＿ 저는 설거지를 해요. (하다 : する)

3. 한국 음식은 ＿＿＿＿＿＿＿＿ 맛있어요. (맵다 : 辛い)

4. 대학교를 ＿＿＿＿＿＿＿＿ 한국에 유학을 가요. (졸업하다 : 卒業する)

5. 학교까지 전철을 ＿＿＿＿＿＿＿＿ 가요. (타다 : 乗る)

語句

오전 (午前)　수업 (授業)　오후 (午後)　동아리 (サークル)　저녁 (夕方)　하지만 (でも、しかし)

그럼 (では)　미술관 (美術館)　한일 미술 교류전 (韓日美術交流展)　좋다 (よい、いい)

그런데 (ところで)　요즘 (最近)　어때요? (どうですか)　덥다 (暑い)　습도 (湿度)　낮다 (低い)

빨래 (洗濯)　설거지 (食器洗い)

23-3

作文練習 次の日本語を韓国語に直し、この課で学んだことを確認しましょう。
文末は해요体にすること。

1. 私の家には犬もいるし、猫もいます。

2. このズボンはちょっと大きいけど、とても気に入っています。

3. 毎日疲れているけど勉強をおろそかにしません。

4. 3Dメガネをかけて映画を見ます。

5. 朝食は必ず食べて学校に行きます。

고양이와   개

語句	개 (犬)　**고양이** (猫)　바지 (ズボン)　**좀** (ちょっと)　아주 (とても)　**마음에 들다** (気に入る)
	매일 (毎日)　피곤하다 (疲れている)　**소홀히 하다** (おろそかにする)　**3D(쓰리디)안경** (3Dメガネ)
	안경을 쓰다 (メガネをかける)　**아침밥** [아침빱] (朝ごはん)　**꼭** (必ず)

한국에 어학연수를 가고 싶어요.

韓国に語学研修に行きたいです。

◀ キーフレーズ ▶

24-1

어학연수를 **가고 싶어요.** ★	語学研修に行きたいです。
한국어를 열심히 **공부하고 있어요.**	韓国語を一生懸命勉強しています。
유미 씨는 안경을 쓰고 **있어요.**	ユミさんはメガネをかけています。

★語学研修や旅行などに行く、というときの「に」は助詞를/을を使います。

（p.92 覚えよう 参照）

POINT1 動作の進行・状態 −고 있다：語幹＋ている

動詞の語幹＋**고 있다**	보다 見る	합니다体	보고 있습니다. 見ています。
		해요体	보고 있어요. 見ています。

① 主に動作が**進行していること**（〜しつつある）を表します。

② 疑問形は「고 있습니까? (합니다体)」と「고 있어요? (해요体)」となります。

③ 타다 (乗る)、가지다 (持つ)、입다 (着る)、쓰다 (かぶる、差す、かける)、신다 (履く) などの動詞に付いて、動作が行われた後にその動作が**継続している状態**を表すこともできます。

例 스웨터를 입고 있어요.　（セーターを着ています）

운동화를 신고 있습니다.　（スニーカーを履いています）

④ 日本語で「〜ている」となる場合でも韓国語では普通の現在形を使うことがあります。

例 待っています　기다리고 있어요. (기다려요/기다립니다)

住んでいます　살고 있어요. (살아요/삽니다)

練習1 次の動詞に「고 있어요」を付けて「〜ている」という文を完成させましょう。

1. 한국어를 ....　　（공부하다：勉強する）

語句	어학연수 [어항년수] (語学研修)　열심히 [열씸히] (一生懸命)　가지다 (もつ)　신다 (履く) 스웨터 (セーター)　운동화 (スニーカー)

2. 친구에게 편지를 :::. (쓰다 : 書く)

3. 후배를 :::::::::::::::::::::::::::::::::. (기다리다 : 待つ)

4. 왜 구두를 :::::::::::::::::::::::::::::::? (신다 : 履く)

5. 무슨 책을 :::::::::::::::::::::::::::::::? (읽다 : 読む) 읽고는 [일꼬] と発音

POINT2 **願望を表す −고 싶다 : 語幹＋たい**

動詞の語幹＋**고 싶다**	**먹다** 食べる	합니다体	**먹고 싶습니다.** 食べたいです。
		해요体	**먹고 싶어요.** 食べたいです。

① 「～したい」という願望を表します。
② 否定形は、否定形の語尾「지 않다」を付けて、「고 싶지 않다 (～したくない)」と、「안」を
つけて、「안 ～고 싶다」とします。
　例 지금은 먹고 싶지 않아요.
　　　지금은 안 먹고 싶어요. (今は食べたくありません)

練習2 次の用言に「고 싶다」を付けて「～したいです」という文を完成させましょう。文末
　　　は指示通りにすること。

1. 한복을 :::::::::::::::::::::::::::::::::. (입다 : 着る　합니다体)

2. 한국 요리를 :::::::::::::::::::::::::::::::. (배우다 : 習う、学ぶ　해요体)

3. 방학 때 여행을 :::::::::::::::::::::::::::::::. (가다 : 行く　합니다体)

4. 한국 친구를 :::::::::::::::::::::::::. (사귀다 :〈友達などを〉作る、付き合う　해요体)

語句	후배 (後輩)　구두 (靴)　한복 (韓服・韓国の民族衣装)　한국 요리 [한궁뇨리] (韓国料理) 방학 (学校の休み)　여행 (旅行)　사귀다 (〈友達などを〉作る、付き合う)

会話

24-2

민기 : 유리 씨는 겨울 방학 때 뭐 해요?

유리 : 저는 이번 겨울 방학 때 한국에 어학연수를 가고 싶어요.

　　　 그래서 지금 열심히 한국어를 공부하고 있어요.

민기 : 그래요? 저도 방학 때 고향에 돌아가요.

유리 : 민기 씨 고향에도 가 보고 싶어요.

민기 : 좋아요. 우리 집에도 와요.

유리 : 정말 괜찮아요? 기대가 돼요.

総合練習 日本語の意味に合うように空欄を埋めましょう。
　　　　　 文末は指示がなければ해요体にすること。

1. 바지를 ....　　　ズボンをはいています。

　　　　　　　　　　　　　　　　　　　　（「はく」は衣類の場合「着る」と同じ動詞を使う）

2. 무엇을 ....?　　　何を買いたいですか。（합니다体）

3. 매일 밤 한국 드라마를 ....　毎晩韓国のドラマを見ています。

4. 친구와 ....　　　友達と旅行に行きたいです。

5. 지금 학생 식당에서 ....

　　　　　　　　　　　　　　今学生食堂で昼ご飯を食べています。（합니다体）

語句 | 겨울 방학 (冬休み)　이번 (今度の)　그래서 (それで)　열심히 (一生懸命)
그래요⟨?⟩ (そうです⟨か⟩)　고향 (故郷)　돌아가다 (帰る)　가 보다 (行ってみる)　정말 (本当に)
기대가 되다 (楽しみだ)　매일 밤 (毎晩)

24-3

作文練習 次の日本語を韓国語に直し、この課で学んだことを確認しましょう。
文末は指定がなければ해요体にすること。

1. 大学を卒業して、韓国に留学に行きたいです。（합니다体で）

2. 週末には何もしたくありません。

3. 塾で小学生たちに勉強を教えています。

4. 誕生日の時、何をもらいたいですか。（「もらう」は「受け取る」と同じ動詞）

5. スビン（수빈）さんはメガネをかけて、帽子をかぶっています。（합니다体で）

覚えよう

　어학연수를 가요. (語学研修に行きます。) などのように、場所ではない名詞に「가다（行く）」
や「오다（来る）」などの動詞が続く場合、助詞は에（に）ではなく、「를/을」を使います。以下
にいくつか例を挙げます。すでにこの本で出てきたものも含め、以下に例を挙げます。

　　유학을 가요.　　留学に行きます。
　　여행을 가요.　　旅行に行きます。
　　연수를 가요.　　研修に行きます。
　間違いやすいので作文をする際には気を付けましょう。

語句	졸업하다 (卒業する)　유학을 가다 (留学に行く)　주말 (週末)
	아무것도 (何も；後ろに否定形が来る)　학원 (塾、学院)　초등학생 (小学生)　들 (たち)
	가르치다 (教える)　생일 (誕生日)　때 (時)　안경을 쓰다 (眼鏡をかける)　모자 (帽子)

비자를 받았어요.

ビザを受け取りました。

◀ キーフレーズ ▶

25-1

전철**로** 학교에 갑니다.	電車で学校に行きます。
대사관에서 비자를 **받았어요**.	大使館でビザを受け取りました。
한국**으로** 언제 떠나요?	韓国へいつ発ちますか。
비행기표를 **예약했어요**.	飛行機のチケットを予約しました。

POINT1 **子音語幹と하다用言の過去形：～でした (か)、～しました (か)（過去形①）**

陽母音語幹+**았어요/았습니다.**	좋다	좋았어요	良かったです
陰母音語幹+**었어요/었습니다.**	먹다	먹었어요	食べました
하다用言：**했어요/했습니다.**	초대하다	초대했어요	招待しました

① 疑問形はそれぞれ「았/었/했습니까?」「았/었/했어요?」となります。−았/었−はそれぞれ過去を表す形で、このように語幹につくものを**補助語幹**と呼びます。

② 補助語幹았/었の後ろには、「です・ます」を表す습니다や어요だけでなく、第23課で学んだ −고 (〜して) や −지만 (〜けど、ですが) なども付きます。

例 먹었고　食べて　　공부했지만　勉強したけど

練習1 用言を過去形に直し、文を完成させましょう。文末は指示に従うこと。文の意味も考えましょう。

1. 창문을 .... （닫다：閉める　해요体）

2. 도서관에서 논문을 .... （찾다：探す　합니다体）

語句　비자 (ビザ)　대사관 (大使館)　떠나다 (発つ)　비행기표 (飛行機のチケット)
예약하다 [예야카다] (予約する)　초대하다 (招待する)　창문 (窓)　닫다 (閉める)　논문 (論文)

3. 어제는 아주 _____. 　　（피곤하다 : 疲れる　　해요体）

4. 약을 _____. 　　（약을 먹다 : 薬を飲む　　합니다体）

5. 교실에 학생이 아무도 _____. 　　（없다 : いない　　해요体）

POINT2 　**助詞：〜で・〜へ**

区分	パッチム㊂名詞	ㄹパッチム名詞	パッチム㊒名詞
〜で		로	으로
〜へ			

▶助詞「로/으로」は、手段、道具、材料、方法、資格、原因、理由、基準などを表す「〜で」と、方向を表す「〜へ」として使われます。

　例　전철**로** 갑니다.　　　　　電車**で**行きます。
　　　한국어**로** 이야기해요.　　韓国語**で**話します。
　　　저쪽**으로** 가요?　　　　　あちら**へ**行きますか。

練習2 次の名詞に助詞「로/으로」を付けて文を完成させましょう。意味も考えましょう。

1. 한국에 _____ 가요. 　　（비행기 : 飛行機）

2. 떡은 _____ 만들어요. 　　（쌀 : 米）

3. 저는 _____ 학교에 와요. 　　（전철 : 電車）

4. 우체국에서 _____ 가요. 　　（오른쪽 : 右）

5. 시험 답안은 _____ 씁니다. 　　（볼펜 : ボールペン）

6. 대구는 사과 _____ 유명해요. 　　（산지 : 産地）

語句	어제（昨日）　약（薬）　약을 먹다（薬を飲む）　아무도（誰も）　이야기하다（話す） 저쪽（あちら）　떡（餅）　쌀（米）　우체국（郵便局）　오른쪽（右側）　시험 답안（試験の答案） 볼펜（ボールペン）　대구（大邱・テグ : 地名）　사과（リンゴ）　산지（産地）　유명하다（有名だ）

会話

민기 : 유학 준비는 잘되고 있어요?

유리 : 네, 어제 한국 대사관에서 비자를 받았어요.

민기 : 한국으로 언제 떠나요?

유리 : 다음 주에 비행기로 한국에 가요. 화요일 표를

　　　 예약했어요.

　　　 조금 걱정되지만 유학 생활이 정말 기대돼요.

민기 : 건투를 빌어요.

유리 : 네, 고마워요.

総合練習 カッコ内の用言を過去形に直し、日本語訳に合うように文を完成させましょう。
文末は指示がなければ해요体にすること。

1. 삼계탕이 아주 _____. (맛있다)

　サムゲタンがとてもおいしかったです。

2. 한국 친구에게서 연락을 _____. (받다) (합니다体)

　韓国の友達から連絡をもらいました。

3. 창문을 _____. (닫다)　　　　窓を閉めました。

4. 오전에는 한국어 수업이 _____. (있다)

　午前には韓国語の授業がありました。

5. 도서관에서 한국 소설을 _____. (찾다) (합니다体)

　図書館で韓国の小説を探しました。

語句　준비 (準備)　잘되다 (うまくいく)　다음 주 [다음쭈] (来週)　화요일 (火曜日)　표 (チケット)
　　　　걱정되다 (心配になる、心配だ)　생활 (生活)　기대되다 (楽しみだ)　건투를 빌다 (健闘を祈る)
　　　　소설 (小説)

25-3

作文練習 次の日本語を韓国語に直し、この課で学んだことを確認しましょう。
文末は指定がなければ해요体にすること。

1. 土曜日には友達とショッピングをしました。

2. 空港からソウル駅まで電車で1時間半かかります。

3. 昔はスイカが好きでした。(「昔は」の「は」は助詞에는を使う)

4. 韓国の友達と韓国語で話したかったです。

5. 友達と公園でお弁当を食べました。(합니다体で)

語句	쇼핑 (ショッピング)　공항 (空港)　**서울역** [서울력] (ソウル駅)　전철 (電車)　**걸리다** (かかる)
	옛날 (昔)　**수박** (スイカ)　이야기하다 (話す)　공원 (公園)　**도시락** (弁当)

일본에서 왔어요.

日本から来ました。

◀ キーフレーズ ▶

26-1

일본에서 **왔어요**.	日本から来ました。
한국어를 **배웠습니다**.	韓国語を学びました。
가족 모두가 **모였어요**.	家族皆が集まりました。
지난주 한국어 수업은 **휴강이었어요**.	先週、韓国語の授業は休講でした。

POINT1 **母音語幹の過去形：～でした（か）、しました（か）（過去形②）**

区分	합니다体	해요体
母音語幹の過去形 ～しました	陽母音語幹＋**았습니다**.	陽母音語幹＋**았어요**.
	陰母音語幹＋**었습니다**.	陰母音語幹＋**었어요**.

① 過去を表す補助語幹「았/었」の後ろに、합니다体は「습니다」、해요体は「어요」が付きます。

② 疑問形は、現在形と同様に합니다体の末尾が「까?」、해요体は同じ形に「?」が付きます。

③ 母音語幹の過去形は、해요体の作り方と同様、母音が脱落したり縮約したりします。（第20課参照）

▶母音が**脱落**：語幹の最後の母音が ㅏ ㅓ ㅕ ㅐ ㅔ の場合（해요体を例にします）

1) 例：가다（行く）　　　　　　가＋았어요→**갔어요**
2) 例：서다（立つ）　　　　　　서＋었어요→**섰어요**
3) 例：켜다（電気などをつける）　켜＋었어요→**켰어요**
4) 例：끝내다（終える）　　　　끝내＋었어요→**끝냈어요**
5) 例：세다（数える）　　　　　세＋었어요→**셌어요**

　　＊つまり上記の場合、脱落した結果、語幹＋ㅆ어요と同じ形になります。

▶母音が**縮約**：語幹の最後の母音が ㅗ ㅜ ㅓ ㅣ の場合（해요体を例にします）

語句 가족（家族）　모두（皆、全員）　지난주（先週）　휴강（休講）

6）例：보다（見る）　　보＋았어요→**봤어요**（보았어요）
7）例：주다（与える）　　주＋었어요→**줬어요**（주었어요）
8）例：되다（なる）　　되＋었어요→**됐어요**（되었어요）
9）例：마시다（飲む）　　마시＋었어요→**마셨어요**

★6）〜8）については縮約しない形（カッコ内）も使えますが、以下の例のように語幹の最後が母音のみの場合は縮約形しか使えません。

例 오다（来る）　　오＋았어요→왔어요（×오았어요）
배우다（学ぶ）　　배우＋었어요→배웠어요（×배우었어요）

練習1 次の文を해요体の過去形にしましょう。

1. 어제 도서관에 ＿＿＿＿＿＿＿＿.　（가다：行く）

2. 막걸리를 세 잔 ＿＿＿＿＿＿＿＿.　（마시다：飲む）

3. 지난주에 여동생하고 연극을 ＿＿＿＿＿＿＿＿.　（보다：見る）

4. 친구에게 선물을 ＿＿＿＿＿＿＿＿.　（주다：あげる）

POINT2 名詞文の過去形：〜でした（か）、ではありませんでした（か）（過去形③）

区分	합니다体	해요体
平叙形：〜でした（名詞＋이다）	パッチム㊒ **이었습니다.** 例 학생이었습니다. 学生でした。	パッチム㊒ **이었어요.** 例 학생이었어요. 学生でした。
	パッチム㊔ **였습니다.** 例 유리 씨였습니다. ユリさんでした。	パッチム㊔ **였어요.** 例 유리 씨였어요. ユリさんでした。
否定形：〜ではありませんでした（名詞＋이/가 아니다）	**가/이 아니었습니다.** 例 학생이 아니었습니다. 学生ではありませんでした。	**가/이 아니었어요.** 例 유리 씨가 아니었어요. ユリさんではありませんでした。

＊疑問形の場合、합니다体は末尾が「까?」、해요体は同じ形に「?」が付きます。

語句 막걸리（マッコリ、伝統的な濁酒）　-잔（〜杯）　연극（演劇）

練習2 カッコ内の日本語に合うように空欄を埋めましょう。

1. 작년에는 .... （去年は学生でした。）

2. 그분은 의사가 .... （その方は医者ではありませんでした。）

3. 지난주 한국어 수업은 휴강 ....

　　　　　　　　　　　　　　　　　（先週の韓国語の授業は休講でした。）

会話

26-2

（クラスで自己紹介）

유리 : 여러분 안녕하세요.

　　　저는 다나카 유리라고 합니다. 일본에서 왔습니다.

　　　일본에서 한국어를 조금 배웠지만 아직 서투릅니다.

　　　그래서 방학 동안 서울에서 한국어를 공부하고 있어요.

　　　잘 부탁합니다.

総合練習 日本語の意味に合うように空欄を埋めましょう。

1. 대사관에 .... 　　　大使館に行ってきました。

2. 호수에서 보트를 .... 　　　湖でボートに乗りました。

3. 고향에서 부모님을 .... 　　　故郷で両親に会いました。

4. 도서관에서 한국 소설을 .... 　　図書館で韓国の小説を借りました。

5. 그 사람은 원래 가수 .... 　　その人はもともと歌手でした。

語句	작년 [장년] (去年)　그분 (その方)　여러분 (皆さん)　-(이)라고 하다 (〜という)　아직 (まだ)
	서투르다 (下手だ)　그래서 (それで、だから)　동안 (〜の間)　갔다 오다 (行ってくる)　호수 (湖)
	보트 (ボート)　고향 (故郷)　부모님 (両親)　빌리다 (借りる)　원래 [월래] (もともと)
	가수 (歌手)

26-3

作文練習 次の日本語を韓国語に直し、この課で学んだことを確認しましょう。
　　　　文末は指定がなければ해요体にすること。

1. 母の誕生日に、家族皆が集まりました。

2. 昨日は授業を休みました。（쉬다は縮約しない）

3. 山で紅葉を見ました。

4. 私の順番ではありませんでした。

5. 今日は朝早く起きました。（합니다体で）

語句	모이다（集まる）　쉬다（休む：해요体や過去形で縮約しない）　산（山）　단풍（紅葉）　제（私の）
	차례（順番）　일찍（早く）　일어나다（起きる）

第27課

숙제가 많아서 힘들어요.

宿題が多くて大変です。

◀ キーフレーズ ▶

숙제가 **많아서** 힘들어요.　　　宿題が多くて大変です。

일본어 좀 **가르쳐 주세요**.　　　日本語をちょっと教えてください。

다음에 **만나서** 같이 공부해요.　今度会って一緒に勉強しましょう。

제주도에 한번 **가 보세요**.　　　済州島に一度行ってみてください。

27-1

POINT1	丁寧な依頼や勧誘の表現 連用形＋주세요/보세요：～してください、～してみてください

	～してください	～してみてください	例
陽母音 語幹	語幹＋-아 주세요.	語幹＋-아 보세요.	사 주세요. 買ってください 와 보세요. 来てみてください
陰母音 語幹	語幹＋-어 주세요.	語幹＋-어 보세요.	가르쳐 주세요. 教えてください 읽어 보세요. 読んでみてください
하다用言	-해 주세요.	-해 보세요.	전화해 주세요. 電話してください 공부해 보세요. 　　　　　　　勉強してみてください

① **連用形**とは用言に連なる形のことで、動詞、形容詞、存在詞（있다・없다）については、語幹に아/어をつけた形ですが、これは해요体から「요」を取った形と同じです。（해요体の作り方 → 第19〜20課）

② 「**〜아/어 주세요**」は、自分のために何かをお願いする時に用います。第三者に何かを勧めたりする時は「**〜아/어 보세요**」を使います。

　比較　앉아 주세요.　（お願いだから）お座りください。

　　　　앉아 보세요.　（一度）座ってみてください。

語句	힘들다（大変だ）　일본어（日本語）　가르치다（教える）　다음에（今度）　제주도（済州島） 한번（一度）　앉다（座る）

★「名詞＋（を）ください」は「名詞＋（를/을）주세요」となります。

例 팥빙수 하나 주세요.　（かき氷一つください）

練習1 次の下線部の用言に「아/어 주세요」または「아/어 보세요」を付けて日本語に合う
ように韓国語の文を完成させましょう。

1. 다시 한번 말하다.　　　　　　もう一度言ってください。

2. 경주에 꼭 한번 가다.　　　　　慶州にぜひ一度行ってみてください。

3. 여기서 잠시만 기다리다.　　　　ここでしばらくお待ちください。

4. 한국 소설을 한국어로 읽다.　　韓国の小説を韓国語で読んでみてください。

POINT2 -아서/어서 : ～て・ので

陽母音語幹＋**아서**	보다　見る	봐서　見て
陰母音語幹＋**어서**	먹다　食べる	먹어서　食べて
하다用言：**해서**	좋아하다　好きだ	좋아해서　好きで

① 語幹に「아서/어서」がついて「～て、ので」という意味を表す形を作ります。これは해요体
の語尾「요」が「서」に置き換わった形と同じですので、母音の脱落や縮約が起こります。

② 主に原因、動作の先行、様態などの意味を表します。

例 주말에 볼일이 있어서 학교에 가요.　週末に用事があって学校に行きます。（原因）
백화점에 가서 모자를 샀어요.　　　百貨店に行って帽子を買いました。（動作の先行）
여기에 앉아서 기다려 주세요.　　　ここに座ってお待ちになってください。（様態）

③ 名詞の後ろでは「パッチム有＋이라서/パッチム無＋라서（～なので）」の形となります。

例 오늘은 휴강이라서 수업이 없어요.　今日は休講なので授業がありません。

④ この語尾は、過去形などに付くことはできません。（常に現在形で使います）

例 숙제가 많아서 （○） / 많았어서 （×） 힘들었어요.
宿題が多くて大変でした。

語句　팥빙수 (かき氷)　다시 (再び)　다시 한번 (もう一度)　말하다 (言う)　경주 (キョンジュ〈慶州〉)
꼭 (ぜひ、必ず)　여기서=여기에서 (ここで)　잠시만 (しばらく)　볼일 [볼릴] (用事)

練習2 次の2つの文を接続語尾「아서/어서」を使って一つの文にしましょう。
指定がなければ文末は해요体にすること。

1. 미술관에 가다 / 그림을 보다   美術館に行く・絵を見る

2. 늦다 / 죄송하다   遅れる・申し訳ない（합니다体で）

3. 볼일이 있다 / 시내에 나가다   用事がある・市内に出かける

4. 비빔밥을 좋아하다 / 자주 먹다   ビビンバが好きだ・よく食べる

5. 친구를 만나다 / 같이 영화를 보다   友達に会う・一緒に映画を見る
                                                （「見ました」という過去形の文に）

会話

🎙️ **27-2**

유리 : 민기 씨, 유학 생활 재미있어요?

민기 : 재미있지만 숙제가 많아서 힘들어요. 한자도 어렵고
리포트도 많아요. 유리 씨가 일본어 좀 가르쳐 주세요.

유리 : 좋아요. 그럼 다음에 만나서 같이 공부해요.

민기 : 고마워요. 그런데 유리 씨 바쁘지 않아요?

유리 : 괜찮아요. 그 대신, 민기 씨는 저한테 한국어를
가르쳐 주세요.

민기 : 그거 좋네요. 같이 열심히 공부해요.

語句   그림 (絵)   늦다 (遅れる)   시내 (市内)   나가다 (出かける)   한자 [한짜] (漢字)
리포트 (レポート)   좀 (ちょっと)   그런데 (ところで、でも)   그 (その)   대신(에) (〜代わりに)
그거=그것 (それ)   -네요 (〜ですね)

総合練習 正しい接続語尾を用いた語句を選び、○をつけましょう。

1. 너무 많이 (먹고, 먹어서) 배가 부릅니다.　食べ過ぎてお腹がいっぱいです。

2. 주말에는 영화도 (보고, 봐서) 친구도 만나요.

　　　　　　　　　　　　　　　週末には映画も見て友達にも会います。

3. 아침에 (일어나고, 일어나서) 운동을 해요.　朝起きて運動します。

4. 동대문 시장에 (가고, 가서) 옷을 샀어요.　東大門市場に行って服を買いました。

5. 목욕을 (하고, 해서) 드라마를 봐요.　　　お風呂に入ってドラマを見ます。

((🎙)) **作文練習** 次の日本語を韓国語に直し、この課で学んだことを確認しましょう。
27-3　　　　　　文末は指示がなければ해요体にすること。

1. この料理を食べてみてください。

2. 用事があって先に帰ります。

3. ここで写真を撮ってください。

4. 公園でボートに乗ってみてください。

5. 友達が誕生日なので一緒に食事をします。

語句	너무 (あまりに、～過ぎて)　배가 부르다 (お腹がいっぱいだ)　시장 (市場)
	동대문 시장 (東大門市場)　이 (この)　먼저 (先に)　(돌아)가다 (帰る)　보트 (ボート)
	생일 (誕生日)

한국어를 배우러 왔습니다.
韓国語を学びに来ました。

◀ キーフレーズ ▶

(((•))) 28-1

다음 주에 시험이 **있으니까** 열심히 공부합니다.	来週試験があるから一生懸命勉強します。
내일이 **마감이니까** 시간이 없어요.	明日がしめ切りなので時間がありません。
점심을 **먹으러** 식당에 왔어요.	昼食を食べに食堂に来ました。
한국에 **놀러** 가고 싶어요.	韓国に遊びに行きたいです。

POINT1 理由や前提を表す -니까/으니까：〜から、〜たら

区分	パッチム無語幹	ㄹ語幹 (ㄹ脱落)	パッチム有語幹
〜から	니까		으니까

① 「-(으)니까」は日本語の「〜から」のように、語幹の後ろに付いて、理由と原因を表します。過去形の았/었について過去のことを表すこともできます。

> 例 이 영화는 봤으니까 저 영화를 보고 싶어요.
> この映画は見たからあの映画を見たいです。

② 理由を表す「-(으)니까」は明確な理由を表します。「-아서/어서」と似ていますが後ろに命令や勧誘、依頼が来る場合は、「-아서/어서」は使えず、「-(으)니까」を使います。

> 例 시간이 없으니까 내일 와 주세요. 時間がないから明日来て下さい（○）
> 시간이 없어서 내일 와 주세요. 時間がないので（なくて）明日来て下さい（×）

③ 「〜たら、〜と」のように、ある結果の前提を表す用法もあります。

> 例 교실에 들어가니까 아무도 없었어요. 教室に入ったら誰もいませんでした。

語句 마감 (締め切り) 들어가다 (入る)

練習1 次の空欄を「(으)니까」を使って埋め、文を完成させましょう。

1. 다음 주에 시험이 _____ 오늘부터 열심히 공부해요.

   来週試験があるので今日から一生懸命勉強します。

2. 한국 음식이 _____ 만들어 주세요.

   韓国料理が食べたいので作ってください。

3. _____ 제가 틀렸어요. （생각해 보다：考えてみる）

   考えてみたら私が間違っていました。

POINT2 **目的を表す表現 −러/으러：～しに**

区分	パッチム㊀語幹	ㄹ語幹	パッチム㊒語幹
～しに	러 例 친구를 만나러 가요. 友達に会いに行きます。		으러 例 점심을 먹으러 식당에 왔어요. 昼食を食べに食堂に来ました。

▶「-러/으러」は移動の目的を表します。主に「가다 (行く)」や「오다 (来る)」、「갔다 오다 (行ってくる)」、「들르다 (立ち寄る)」の移動動詞が後続します。

▶ㄹ語幹に-러がつく際にㄹは脱落しません。

練習2 次の空欄を語尾「러/으러」を使って空欄を埋め、文を完成させましょう。
日本語訳も考えてみましょう。

1. 한국어를 _____ 왔어요. （공부하다：勉強する）

2. 겨울 방학 때는 친구와 한국에 _____ 가요. （놀다：遊ぶ）

3. 생일 선물을 _____ 백화점에 가요. （사다：買う）

4. _____ 편의점에 갔다 왔어요. （돈을 찾다：お金を下ろす）

語句	생각해 보다 (考えてみる)　틀리다 (間違える、間違っている)　들르다 (立ち寄る)　돈 (お金) 돈을 찾다 (お金を下ろす)　편의점 [펴니점] (コンビニエンスストア)　갔다 오다 (行ってくる)

会話

민기 : 유리 씨는 언제 한국에 왔어요?

유리 : 작년에 왔어요.

민기 : 한국은 처음이에요?

유리 : 아니요, 대학교 일 학년 때 한국어를 배우러

어학연수를 왔어요. 그런데 한국 생활이 재미있어서

졸업하고 유학으로 다시 왔어요.

민기 : 공부는 어렵지 않아요?

유리 : 조금 어렵지만 친구들이 많이 가르쳐 주니까 괜찮아요.

総合練習 2つの文を (으)니까あるいは、(으)러を使ってつなげ、例のように日本語の意味
に合う文を作ってみましょう。文末は해요体にすること。

例 공부하다/도서관에 가다 　(勉強しに図書館に行きます)

→ 공부하러 도서관에 가요.

1. 보트를 타다/호수에 가다 　(ボートに乗りに湖に行きます)

2. 한국어로 이야기하고 싶다/열심히 공부하다

(韓国語で話したいので一生懸命勉強します)

3. 부모님을 만나다/고향에 돌아가다 　(両親に会いに故郷に帰ります)

語句

작년 [장년] (去年)　처음 (初めて)　학년 [항년] (〜年生)　어학연수 [어항년수] (語学研修)

졸업하다 [조러파다] (卒業する)　다시 (再び)　들 (〜たち:複数を表す)

가르쳐 주다 (教えてくれる、教えてあげる)

4. 내일 리포트 마감이다/시간이 없다

(明日レポートの締め切りなので時間がありません)

5. 비자를 받다/대사관에 가다　(ビザを受け取りに大使館に行きました)

作文練習 次の日本語を韓国語に直し、この課で学んだことを確認しましょう。
文末は해요체にすること。

28-3

1. これ、おいしいので食べてみて下さい。

2. 遅れたからタクシーに乗って行きます。

3. お金がないからアルバイトをします。

4. 昨日はレポートの資料を探しに図書館に行きました。

5. 友達が私の家に遊びに来ました。

語句　이것 (これ)　맛있다 (おいしい)　늦다 (遅れる)　택시 (タクシー)　자료 (資料)

第29課

열심히 공부하겠습니다.

一生懸命勉強します。

◀ キーフレーズ ▶

29-1

오늘은 학교에 **가지 못합니다.**	今日は学校に行けません。
점심을 **못 먹었어요.**	昼食を食べられませんでした。
열심히 **공부하겠습니다.**	一生懸命勉強します。
이 김치, **맵겠어요.**	このキムチ、辛そうです。

POINT1 不可能形① 지 못하다：動詞＋できません（か）

| 動詞語幹
＋지 못하다 | 가다
行く | **가지 못합니다** [모탐니다]　行けません
가지 못해요 [모태요]
가지 못했어요 [모태써요]　行けませんでした |
| | | **가지 못합니까?** 行けませんか
가지 못해요? |

▶ 動詞の語幹に지 못하다を付けて「〜できない」という不可能の意味を表します。語幹の形に関係なく、常に同じ形が接続します。

POINT2 不可能形② 못〜：動詞＋できません（か）

| **못＋動詞** | 먹다
食べる | **못 먹습니다.** [몬 먹씀니다]　食べられません
못 먹어요. [몬 머거요]
못 먹었어요. [몬 머거써요]　食べられませんでした |
| | | **못 먹습니까?**　食べられませんか
못 먹어요? |

▶ 動詞の前に못を付けて「〜できない」という不可能の意味を表します。
▶「못」の後に「ㅁ」や「ㄴ」で始まる動詞が続くと鼻音化が起こります。

※注意：名詞하다 (する) の場合、不可能を表す「못」は動詞「하다」の前に来ます。

| 勉強する | 공부하다 | 공부하**지 못합니다.** | 공부 **못** 합니다. |
| 運転する | 운전하다 | 운전하**지 못합니다.** | 운전 **못** 합니다. |

練習1 次の下線部の動詞を2種類の不可能形に直し、日本語の意味に合うように文を完成させましょう。文末は해요体にすること。

1. 내일은 학교에 <u>오다.</u>　　明日は学校に来られません。

2. 일이 있어서 <u>만나다.</u>　　用事があって会えません。

3. 어제는 <u>공부하다.</u>　　昨日は勉強できませんでした。（過去形）

4. 그 티켓을 <u>받다.</u>　　そのチケットを受け取れませんでした。（過去形）

POINT3 意志・推量を表す補助語幹 －겠 : ～する (つもりだ)、～でしょう

用言語幹＋**겠** ～する (つもりだ)　意志 ～でしょう　推量	**공부하겠습니다.** 勉強するつもりです。 **지금쯤 단풍이 예쁘겠어요.** 今頃紅葉がきれいでしょう。

① 用言語幹に겠をつけると、「～する (つもりだ)」という「意志」や、「～でしょう」という「推量」の意味になります。겠は、過去を表す았/었 (第25課) と同じ**補助語幹**です。
② 합니다体にする場合は「습니다」を、해요体にする「어요」を付けます。
③ 動詞の文で主語が自分の場合、「意志」の意味になります。主語が自分以外の場合や形容詞の文では「推量」となります。

語句　일 (仕事、用事)　티켓 (チケット)　쯤 (～頃)　지금쯤 (今頃)　예쁘다 (きれいだ)

練習2 次の下線部の用言に「겠」をつけ、日本語の意味に合うように「意志」や「推量」を表す文にしましょう。文末は합니다体にすること。

1. 전철 사고로 조금 <u>늦다</u>.　　　　　電車の事故で少し遅れそうです。（推量）

2. 힘들지만 열심히 <u>아르바이트하다</u>.　大変だけど一生懸命アルバイトします。（意志）

3. 내년에는 꼭 한국에 유학을 <u>가다</u>.　来年は必ず韓国に留学に行きます。（意志）

4. 이 영화 <u>재미있다</u>.　　　　　　　この映画、面白そうです。（推量）

会話

29-2

유리 : 어제 감기에 걸려서 학교에 가지 못했어요.

민기 : 이제 괜찮아요?

유리 : 네, 열도 내렸고 기침도 안 나요. 그런데 시험공부를
　　　못 해서 걱정이에요.

민기 : 저도 공부 못 했어요. 시험은 내일이니까 이제부터
　　　열심히 해요.

유리 : 네, 그럼 지금부터 도서관에 가서 열심히 하겠어요.

語句	사고（事故）　내년（来年）　감기（風邪）　감기에 걸리다（風邪をひく）　이제（今は、もう）
	열（熱）　내리다（下がる）　기침（咳）　나다（出る）　그런데（ところで）　시험공부（試験勉強）
	걱정이다（心配だ、心配になる）　이제부터（これから、今から）

総合練習 日本語の意味に合うように空欄を埋めましょう。文末は해요体にすること。

1. 本を全部読めませんでした。　　　책을 다 읽지 _____ .

2. コーヒーは飲めません。　　　커피는 _____ 마셔요 .

3. 5時のバスに乗れませんでした。　　　5시 버스를 못 _____ .

4. 明日お菓子を作ります。(意志)　　　내일 과자를 _____ .

5. 試験が終わっていいですね。(良さそうですね：推量)

　　　시험이 끝나서 _____ .

作文練習 次の日本語を韓国語に直しましょう。文末は指示がなければ해요体にすること。不可能の意味を表す場合は2種類の形で文を作ってみましょう。

29-3

1. あの韓国料理は辛そうです。

2. 明日試験があるので、今日は遊べません。(「~ので」は아서/어서)

3. 授業中には寝ません。(意志、否定の지 않다に겠をつける)

4. 大学を卒業して公務員になります。(意志・합니다体)

5. アルバイトがあって宿題を終えられませんでした。

語句	다 (全部、全て)　끝내다 [끈내다] (終える)　좋다 (よい、いい)　한국 음식 (韓国料理)
	수업 중 (授業中)　졸업하다 [조러파다] (卒業する)　공무원 (公務員)　~가/이 되다 (~になる)
	숙제 (宿題)

第30課

일본 뉴스를 들어요.

日本のニュースを聞きます。

◀ キーフレーズ ▶

30-1

뉴스를 **들어요**.	ニュースを聞きます。
집까지 **걸어서** 얼마나 걸려요?	家まで歩いてどれくらいかかりますか。
단어의 의미를 **물었어요**.	単語の意味を尋ねました。
신문에 기사를 **실었어요**.	新聞に記事を載せました。

POINT1 ㄷ(디귿) 変則活用

　韓国語の用言の活用には、これまで学んだもの以外に、変則的な活用をするものがあります。このような活用を「**変則活用**」といいます。変則活用の種類は、語幹末の子音や文字によっていくつかあります。第30課では、まずㄷ(디귿) 変則活用を学びましょう。

陽母音語幹	語幹のㄷパッチム ⇒ **ㄹに変わる**+語尾	깨닫다 (悟る、気づく)	깨달아요 깨달았어요 깨달으니까	悟ります 悟りました 悟るから
陰母音語幹		듣다 (聞く)	들어요 들었어요 들으니까	聞きます 聞きました 聞くから

① ㄷ変則活用は、語幹の最後にパッチム「ㄷ」がついている用言で起こります。語幹に母音(아/어や으) で始まる語尾が付く場合に、「ㄷ」が「ㄹ」に変わります。

② ㄷ変則にならない用言：받다 (もらう、受ける)、닫다 (閉める)、믿다 (信じる)、얻다 (得る) は規則活用をします。

③ 次のような語尾が続く場合も変則活用します。

　例 제 이야기를 **들어** 주세요.　私の話を聞いてください。

　音楽을 **들으러** 홀에 들어갔어요.　音楽を聞きにホールに入りました。

語句	뉴스 (ニュース)　걷다 (歩く)　얼마나 (どれくらい)　단어 (単語)　의미 (意味)　기사 (記事) 싣다 (載せる、掲載する、積む)　깨닫다 (悟る、気づく)　닫다 (閉める)　믿다 (信じる) 얻다 (得る)　홀 (ホール)

練習 次の用言を解要体、過去形、「으니까」を付けた形で書いてみましょう。

意味	基本形	해요体	過去形（합니다体）	-(으)니까
1. 歩く	걷다			
2. 尋ねる	묻다			
3. 載せる、積む	싣다			

POINT2 【의：～の】

의 [에]	～の

① 助詞「의」は省略されることが多いですが、前後の名詞の関係を明確に表す場合に用いられます。

例 단어의 의미　単語の意味　　어머니의 작품　母の作品

② 助詞「の」の意味で用いられる際に「의」は [에] と発音します。

③ 앞（前）、뒤（後ろ、裏）など場所を表す名詞の前には의はつけません。

例 ○ 공원 앞　× 공원의 앞　公園の前

30-2

会話

유리 : 민기 씨, 지금 뭐 해요?

민기 : 방에서 일본 뉴스를 들어요.

유리 : 일본어 뉴스를 다 알아들어요?

민기 : 다는 못 알아듣지만, 매일 들으니까 듣기 공부에 아주
　　　　도움이 돼요.

유리 : 저는 옛날에 한국 노래를 자주 들었어요.
　　　　요즘은 시간이 없어서 잘 못 들어요.

語句 　작품（作品）　뒤（後ろ、裏）　알아듣다（聞きとる、聞いて理解できる）　못 알아듣다 [모다라듣따]
（聞きとれない）　듣기（聞きとり、リスニング）　도움이 되다（役に立つ）　옛날 [옌날]（昔）
한국 노래 [한궁노래]（韓国の歌）　잘（よく）

総合練習 日本語の意味に合うように空欄を埋めましょう。文末は해요体にすること。

1. 毎日、家から学校まで歩きます。 　　매일 집에서 학교까지 ⎯⎯⎯⎯⎯⎯ .

2. 何の歌を聞きますか。 　　무슨 노래를 ⎯⎯⎯⎯⎯⎯ ?

3. 卒業論文を学会誌に載せます。 　　졸업 논문을 학회지에 ⎯⎯⎯⎯⎯⎯ .

4. 友達の話を信じます。 　　친구의 이야기를 ⎯⎯⎯⎯⎯⎯ .

5. 18歳になってやっと投票権を得ました。

　　　　열여덟 살이 되어서 겨우 투표권을 ⎯⎯⎯⎯⎯⎯ .

作文練習 次の日本語を韓国語に直し、この課で学んだことを確認しましょう。
文末は해요体にすること。

30-3

1. 学校から家まで歩いてどのくらいかかりますか。(「～て」は아서/어서)

2. 毎朝、ラジオでニュースを聞きます。(「で」は手段)

3. 新しい単語の意味を先生に尋ねます。

4. 一週間後に店を完全に閉めます。

5. お母さんの気持ちにやっと気づきました。(「～に気づく」の「に」は를/을を使う)

語句	졸업 (卒業)　논문 (論文)　학회지 [하쾨지] (学会誌)　이야기 (話)　겨우 (やっと)
	투표권 (投票権)　걸리다 (かかる)　라디오 (ラジオ)　새 (新しい)　일주일 (一週間)　후 (後)
	가게 (店)　완전히 (完全に)　마음 (気持ち)　-를/을 깨닫다 (～に気づく)

第31課

요즘 날씨가 추워요.

最近寒いです。

◀ キーフレーズ ▶

🎙 31-1

날씨가 **추워요**.	(天気が) 寒いです。
김치찌개는 안 **매워요**?	キムチチゲは辛くないですか。
발음이 **어려우니까** 질문했어요.	発音が難しいので質問しました。
제 일을 **도와** 주세요.	私の仕事を手伝ってください。

POINT1 ㅂ (비읍) 変則活用①

1) 語幹 ㅂ→우 +어요(?) 2) +었어요(?) 3) 語幹 ㅂ→우 +으니까 ↑ 脱落	춥다 寒い	1) 추우+어요→**추워요** 寒いです 2) 추우+었어요→**추웠어요** 寒かったです 3) 추우+으니까→**추우니까** 寒いので
	고맙다 ありがたい	1) 고마우+어요→**고마워요** ありがたいです、ありがとうございます 2) 고마우+었어요→**고마웠어요** ありがたかったです、 ありがとうございました 3) 고마우+으니까→**고마우니까** ありがたいので

① ㅂ変則活用は、語幹の最後にパッチム「ㅂ」がついている動詞や形容詞で起こります。(形容詞が多い) 語幹に母音 (아/어や으) で始まる語尾が付く場合に上記のような変則が起こります。

② ㅂ変則にならない用言：좁다 (狭い)、씹다 (噛む)、입다 (着る)、잡다 (掴む)、접다 (折る)、뽑다 (選び抜く、抜く) などは、規則活用をします。

語句	날씨 (天気、気候) 춥다 (寒い) 발음 (発音) 질문하다 (質問する) 돕다 (助ける、手伝う) 좁다 (狭い) 씹다 (噛む) 잡다 (つかむ) 접다 (折る) 뽑다 (選び抜く、抜く)

③ 次のような語尾が続くときも変則活用をします。

例 잠깐 **누우러** 방에 들어갔어요.

しばらく横になりに部屋に入りました。

POINT2 ㅂ (비읍) 変則活用② 例外的な形

1) 語幹 ㅂ→**오**+아요(?) 2) 語幹 ㅂ→**오**+았어요(?) 3) 語幹 ㅂ→**우**+**으**니까 ↑ 脱落	**돕다** 手伝う、助ける	**도와요** 手伝います、助けます **도왔어요** 手伝いました **도우니까** 手伝うので
	곱다 きれいだ	**고와요** きれいです **고왔어요** きれいでした **고우니까** きれいなので

① 돕다 (手伝う、助ける) と곱다 (きれいだ) は、例外的に「ㅂ」が「우」ではなく「오」に変わります。後ろに付く形も해요体の場合「아요」、過去形の場合は「았어요 (았습니다)」になります。

② ただし、「으니까」が付く場合は、 **POINT1** で見た他の用言と全く同じになります。

練習 次の用言をそれぞれ、해요体、過去形、「으니까」を付けた形で書いてみましょう。

意味	基本形	해요体	過去形 (해요体)	(으)니까
1. 熱い	뜨겁다			
2. 暑い	덥다			
3. 可愛い	귀엽다			
4. 辛い	맵다			
5. 手伝う	돕다			
6. 難しい	어렵다			

語句 눕다 (横たわる) 곱다 (きれいだ) 뜨겁다 (熱い) 귀엽다 (かわいい)

会話

유리 : 어서 오세요. 집 찾기 안 어려웠어요?

민기 : 실은 집을 잘 못 찾아서 경찰서에서 길을 물었어요.

유리 : 잘 왔어요. 우리 어머니가 김치찌개를 끓였어요.

　　　 저도 조금 도왔어요. 같이 먹어요.

민기 : 고마워요. 유리 씨는 어머니를 자주 도와요?

유리 : 아니요, 수업이 많아서 바쁘니까 가끔만 도와요.

　　　 그런데, 김치찌개는 입에 맞아요? 안 매워요?

민기 : 조금 맵지만 아주 맛있어요.

総合練習 日本語の意味に合うように空欄を埋めましょう。文末は해요体にすること。

1. この試験問題、難しくないですか。　　　이 시험 문제 안 ＿＿＿＿＿＿＿＿?

2. 私の妹は本当に可愛いです。　　　제 여동생은 정말 ＿＿＿＿＿＿＿＿.

3. 家から会社まで近いですか。　　　집에서 회사까지 ＿＿＿＿＿＿＿＿?

4. 昨日の話は怖かったです。　　　어제 이야기는 ＿＿＿＿＿＿＿＿.

5. 私の部屋は姉の部屋より狭いです。　　　제 방은 언니 방보다 ＿＿＿＿＿＿＿＿.

語句　어서 오세요 (いらっしゃいませ、ようこそ)　집 찾기 (家を探すこと)　실은 (実は)　그래서 (それで)
길 (道)　묻다 (尋ねる)　끓이다 (沸かす・〈スープなどを〉作る)　가끔 (たまに)　만 (〜だけ)
입에 맞다 (口に合う)　문제 (問題)　가깝다 (近い)　무섭다 (怖い)　보다 (〜より)

作文練習 次の日本語を韓国語に直し、この課で学んだことを確認しましょう。
文末は해요体にすること。

1. 韓国語の発音は難しいけど、文法は易しいです。

2. 紅葉がとても美しいです。

3. 今日は授業が多くてカバンが重いです。(「〜て」は아서/어서)

4. 毎日、お母さんの仕事を手伝います。

5. この魚を焼いて食べてみてください。(「〜て」は아서/어서)

語句	문법 (文法)　쉽다 (易しい、簡単だ)　단풍 (紅葉)　아름답다 (美しい)　수업 (授業)
	많다 (多い)　무겁다 (重い)　매일 (毎日)　일 (仕事)　생선 (魚)　굽다 (焼く)

第32課

새집을 지어요.

新しい家を建てます。

◀ キーフレーズ ▶

32-1

집을 **지어요**.	家を建てます。
밑줄을 **그으니까** 잘 보여요.	下線を引いたらよく見えます。
감기가 다 **나았어요**.	風邪がすっかり治りました。
컵에 물을 **부어서** 마셔요.	コップに水を注いで飲みます。

POINT ㅅ（시옷）変則活用

| 陽母音語幹 | 語幹のㅅ脱落
＋語尾 | 낫다 (治る) | 나아요
나았어요
나으니까 | 治ります
治りました
治るので |
| 陰母音語幹 | | 짓다 (建てる、炊く) | 지어요
지었어요
지으니까 | 建てます
建てました
建てるので |

① ㅅ変則活用は、語幹の最後にパッチム「ㅅ」がついている動詞や形容詞で起こります。語幹に母音（아/어や으）で始まる語尾が付く場合に、「ㅅ」が脱落します。

② ㅅ変則にならない用言：벗다（脱ぐ）、씻다（洗う）、웃다（笑う）は規則活用です。

③ 次のような語尾が続くときも変則活用します。

例 컵에 물을 **부어** 주세요. コップに水を注いでください。

붓다（注ぐ） 붓＋어 주세요→부어 주세요

| 語句 | 새집（新しい家） 짓다（建てる、炊く） 밑줄（下線） 긋다（〈線を〉引く） 낫다（治る）
컵（コップ） 붓다（注ぐ、腫れる） 벗다（脱ぐ） 씻다（洗う） |

次の用言をそれぞれ、解要体、過去形、「으니까」を付けた形で書いてみましょう。

意味	基本形	해요体	過去形（합니다体）	(으)니까
1. 注ぐ、腫れる	붓다			
2. 継ぐ	잇다			
3. (線を) 引く	긋다			
4. かき混ぜる (首を) 振る	젓다			
5. 洗う	씻다			

会話

32-2

유리 : 왜 이렇게 밖이 시끄러워요?

민기 : 우리 집 옆에 아파트를 지어요.

　　　 그래서 아침부터 저녁까지 창문을 못 열어요.

유리 : 어머, 이 날씨에… 안 더워요?

민기 : 더워서 요즘 계속 에어컨을 켜고 살아요.

유리 : 그러면 감기에 걸려요. 여름 감기는 잘 안 나아요.

　　　 조심해요.

민기 : 네, 고마워요.

語句

잇다 (継ぐ)　젓다 (かき混ぜる)　왜 (なぜ)　이렇게 (こんなに)　밖 (外)　시끄럽다 (うるさい)

옆 (隣、横)　아파트 (マンション、アパート)　창문 (窓)　열다 (開ける)

못 열다 [몬녈다] (開けられない)　어머 (あら、まあ)　요즘 (最近、この頃)　계속 (ずっと)

에어컨 (エアコン、クーラー)　켜다 (〈電気などを〉つける)　살다 (暮らす)

그러면 (すると、それでは)　감기에 걸리다 (風邪を引く)　조심하다 (気を付ける)

総合練習 日本語の意味に合うように空欄を埋めましょう。変則ではない用言に気をつけましょう。

1. ご飯を炊きます。　　　　　밥을 ....

2. スープをかき混ぜます。　　수프를 ....

3. 家業を継ぎました。　　　　가업을 ....

4. 風邪はすっかり治りましたか。　감기는 다 .... ?

5. 手を洗いましたか。　　　　손을 .... ?

作文練習 次の日本語を韓国語に直し、この課で学んだことを確認しましょう。
文末は指定がなければ해요体にすること。

32-3

1. 会社の前に新しいビルを建てます。

2. 蚊に刺されて腕が腫れました。(「〜て」は아서/어서)

3. コップにお茶を注いで飲みます。(「〜て」は아서/어서)

4. 室内では帽子を脱ぎます。

5. ノートに線を引きましたか。(합니다体で)

語句	수프 (スープ)　가업 (家業)　손 (手)　앞 (前)　새 (新しい)　빌딩 (ビル)　모기 (蚊)
	물리다 (刺される、噛まれる)　팔 (腕)　차 (お茶)　실내 [실래] (室内)　모자 (帽子)
	노트 (ノート)　줄 (線)

이 옷 어때요?

この服どうですか。

◀ キーフレーズ ▶

		33-1
이 옷 **어때요**?	この服、どうですか。	
얼굴이 **빨갰어요**.	顔が赤かったです。	
얼굴색이 **파라니까** 좀 쉬어요.	顔色が青いからちょっと休んで下さい。	
눈이 **하얘요**.	雪が白いです。	

POINT1 ㅎ (히읗) 変則用言① 語幹＋아/어で始まる語尾

語幹のㅎ脱落 母音ㅏ→ㅐ	빨갛다 (赤い)	빨가+ㅣ요 빨가+ㅣㅆ어요	→ **빨개요** → **빨갰어요**	赤いです 赤かったです
語幹のㅎ脱落 母音ㅓ→ㅐ	그렇다 (そうだ)	그러+ㅣ요 그러+ㅣㅆ어요	→ **그래요** → **그랬어요**	そうです そうでした
語幹のㅎ脱落 母音ㅑ→ㅐ	하얗다 (白い)	하야+ㅣ요 하야+ㅣㅆ어요	→ **하얘요** → **하얬어요**	白いです 白かったです

① ㅎ変則活用は、語幹の最後にパッチム「ㅎ」がついている形容詞で起こります。語幹に母音 (아/어や으) で始まる語尾が付く場合に変則が起こります。

② 語幹の最後の母音が「아/어」の場合「아/어」と「ㅣ」が合わさり、母音が「ㅐ」に変わります。

③ 語幹の最後の母音が「ㅑ」や「ㅕ」の場合、「ㅐ」、「ㅖ」になります。

하얗다 (白い) → 하얘요.　　　뿌옇다 (ぼやける) → 뿌예요.

④ ㅎ変則にならない用言：形容詞は좋다 (良い) のみ。動詞は規則活用をします。

語句	어떻다 (どうだ)　얼굴 (顔)　빨갛다 (赤い)　얼굴색 (顔色)　파랗다 (青い)　눈 (目) 하얗다 (白い)　뿌옇다 (ぼやける)

POINT2	ㅎ（히읗）変則用言② ㅇ으で始まる語尾が付く場合

	빨갛다 （赤い）	빨가 + 니까 ⇒ **빨가니까**（赤いので）
語幹のㅎ脱落 + ㅇ으が脱落した語尾 （ここでは니까を 例にしています）	그렇다 （そうだ）	그러 + 니까 ⇒ **그러니까**（そうなので、だから）
	하얗다 （白い）	하야 + 니까 ⇒ **하야니까**（白いので）

▶ 으で始まる語尾が付く場合は、語幹の「ㅎ」、語尾の「으」が共に脱落します。

練習 次の用言を해요体で書いてみましょう。

意味	基本形	해요体	過去形（합니다体）	으니까
1. 白い	하얗다			
2. どうだ	어떻다	「どうですか」	「どうでしたか」	
3. 黄色い	노랗다			
4. 黒い	까맣다			

민기 : 유리 씨, 이 옷 어때요? 저한테 어울려요?

유리 : 아주 멋있어요. 민기 씨는 피부가 하얘서 다 잘

　　　　어울려요.

민기 : 고마워요. 겨울 셔츠가 없어서 사고 싶었어요.

유리 : 그런데 민기 씨, 왜 얼굴이 빨개요?

민기 : 유리 씨한테 칭찬을 받아서 조금 부끄러워서 그래요.

유리 : 이 바지는 어때요? 그 새 셔츠하고 같이 입어 봐요.

　　　　색이 아주 고와요.

민기 : 오늘은 셔츠만 사고, 다음에 바지를 사겠어요.

　　　　유리 씨, 또 같이 와서 봐 주세요.

総合練習 日本語の意味に合うように空欄を埋めましょう。文末は해요体にすること。

1. 顔が赤いです。　　　　얼굴이 ....

2. 雪が白いです。　　　　눈이 ....

3. 最近、どうですか。　　요즘 .... ?

4. はい、そうです。　　　네, ...

5. 髪が黒かったです。　　머리가 ....

語句

어울리다 (似合う)　멋있다 (格好良い、素敵だ)　피부 (肌、皮膚)　다 (全て)　잘 (よく)

겨울 (冬)　셔츠 (シャツ)　칭찬을 받다 (ほめられる)　부끄럽다 (恥ずかしい)

아서/어서 그렇다 (〜いからだ)　바지 (ズボン)　입어 보다 (着てみる)　색 (色)　만 (だけ)

다음에 (次に、今度)　또 (また)

作文練習 次の日本語を韓国語に直し、この課で学んだことを確認しましょう。
33-3　　　　　文末は해요体にすること。

1. 空がとても青く、高かったです。(「〜く」は고)

2. カラーリングをして髪が黄色いです。(「〜て」は아서/어서)

3. 机の上に本を置きます。

4. 夜の海は真っ黒なので怖いです。(「〜て」は아서/어서)

5. 家族旅行はどうでしたか。

語句	하늘 (空)　아주 (とても)　높다 (高い)　염색을 하다 (カラーリングをする)　머리 (髪)
	책상 (机)　위 (上)　놓다 (置く・動詞)　밤 (夜)　바다 (海)　새까맣다 (真っ黒だ)
	무섭다 (怖い)　가족 (家族)　여행 (旅行)

배가 고파요.

おなかが空いています。

◀ キーフレーズ ▶

34-1

어제는 일이 **바빴습니다**.	昨日は仕事が忙しかったです。
배가 너무 **고파요**.	おなかがとても空いています。
남동생은 키가 **커요**.	弟は背が高いです。
편지를 **써** 주세요.	手紙を書いて下さい。

POINT 으変則活用

語幹の [ー] の前の文字が陽母音の用言	ーは脱落→語幹末の子音＋ㅏ	아프다（痛い）	아프 ＋ 아요 → **아파요** 痛いです 아프 ＋ 았어요 → **아팠어요** 痛かったです
語幹の [ー] の前の文字が陰母音の用言	ーは脱落→語幹末の子音＋ㅓ	기쁘다（嬉しい）	기쁘 ＋ 어요 → **기뻐요** 嬉しいです 기쁘＋었어요 → **기뻤어요** 嬉しかったです
語幹が1文字の用言（母音 [ー] のみ）	ーは脱落→語幹末の子音＋ㅓ	쓰다（書く、使う）	쓰 ＋ 어요 → **써요** 書きます、使います 쓰 ＋ 었어요 → **썼어요** 書きました、使いました

① 으変則活用は、用言の語幹の最後に母音「ー」がついている動詞や形容詞で起こります。「아/어」で始まる語尾が付く場合に母音「ー」が脱落し、「ー」の前の文字の母音が、陽母音か陰母音かによって、「ㅏ」か「ㅓ」が続きます。
→ 例えば、해요体なら「아요/어요」、過去形なら「았어요/었어요」「았습니다/었습니다」が続きます。

語句	배가 고프다（おなかが空く）　일（仕事）　키（背、身長）　크다（大きい）　키가 크다（背が高い） 편지（手紙）　쓰다（書く、使う）　기쁘다（嬉しい）

②「으」変則は、語幹の最後の母音が「으」のほとんどの用言に適用されますが、語幹の最後が「르」の場合は、第35課で学習する「르変則」になるものがほとんどです。

練習 次の用言をそれぞれ、現在形の解요体、過去形で書いてみましょう。

意味	基本形	해요体	過去形 (해요体)	過去形 (합니다体)
1. 忙しい	바쁘다			
2. 悲しい	슬프다			
3. 集める	모으다			
4. 痛い	아프다			
5. 大きい	크다			
6. きれいだ	예쁘다			

34-2

会話

유리 : 민기 씨, 점심 먹었어요?

민기 : 아직 안 먹었어요.

유리 : 그럼 학생 식당에 가서 같이 먹어요.

　　　배가 너무 고파요.

민기 : 그런데 유리 씨, 리포트는 다 썼어요?

유리 : 네, 썼어요, 그런데 자신이 없어서 걱정이에요.

민기 : 그럼 제가 한국어를 체크하겠어요.

유리 : 정말요? 기뻐요. 고마워요.

語句
슬프다 (悲しい)　모으다 (集める)　아직 (まだ)　그런데 (ところで、でも)　다 (全て)
다 쓰다 (書き終える)　자신 (自信)　체크하다 (チェックする)
-요(?) (～です、ですか;丁寧さを表す)

日本語の意味に合うように空欄を埋めましょう。

1. 頭が痛くて寝ました。　머리가 ＿＿＿＿＿＿＿＿ 잤어요. (「〜て」は 아서/어서)

2. 電気を消してください。　불을 ＿＿＿＿＿＿＿＿. (-아/어 주세요를 사용)

3. 学生を集めて下さい。　학생을 ＿＿＿＿＿＿＿＿. (-아/어 주세요를 사용)

4. 母に手紙を書きました。　어머니에게 편지를 ＿＿＿＿＿＿＿＿.

5. 今日は忙しくて行けません。　오늘은 ＿＿＿＿＿＿＿＿ 못 가요.

(「〜て」は 아서/어서)

作文練習 次の日本語を韓国語に直し、この課で学んだことを確認しましょう。
　　　　　文末は 해요体にすること。

34-3

1. 試験に合格して嬉しいです。(「〜て」は 아서/어서)

2. 毎晩、ハングルで日記を書きます。

3. 映画の結末がとても悲しかったです。

4. 昨日は仕事が忙しかったですか。

5. 私の妹は背が高く、髪が長いです。(「〜く」は -고)

語句	불 (電気、灯り)　끄다 (消す)　불을 끄다 (電気を消す)　시험 (試験) 합격하다 [합껵카다] (合格する)　매일 밤 (毎晩)　한글 (ハングル)　일기 (日記)　영화 (映画) 결말 (結末)　머리 (髪、頭)　길다 (長い)

KTX가 더 빨라요.

KTXがもっと速いです。

◀ キーフレーズ ▶

35-1

고양이를 **길러요**.	猫を飼っています。
저와 언니는 성격이 **달라요**.	私と姉は性格が違います。
파티에 친구를 **불렀어요**.	パーティーに友達を呼びました。
단어의 의미를 **몰라서** 사전을 찾았어요.	単語の意味が分からなくて辞書を引きました。

POINT 르変則活用

르の前が 陽母音	**語幹 (르脱落) + ㄹ라**	모르다 (知らない、 分からない)	모 + ㄹ라요 → **몰라요** (知りません、分かりません) 모 + ㄹ랐어요 → **몰랐어요** (知りませんでした、分かりませんでした)
르の前が 陰母音	**語幹 (르脱落) + ㄹ러**	흐르다 (流れる)	흐 + ㄹ러요 → **흘러요** (流れます) 흐 + ㄹ렀어요 → **흘렀어요** (流れました)

① 르変則活用とは、語幹の最後が「르」の動詞、形容詞で起こります。語幹に「아/어」で始まる語尾が付く場合に、語幹の「르」が無くなり、「ㄹ」が挿入され、「ㄹ라」か「ㄹ러」に変わります。つまり해요体の場合は「아요/어요」の語尾の形が「ㄹ라요/ㄹ러요」となります。

② 따르다 (従う)、치르다 (支払う、行う) などは、「르」が付きますが「으変則活用 (→第34課)」になるので注意が必要です。

例 선생님 발음을 <u>따라서</u> 연습해요.　　先生の発音に従って練習します。
　　어제 시험을 <u>치렀어요</u>.　　昨日試験を受けました。

語句	KTX [케이티엑스] (韓国高速鉄道)　더 (もっと、より)　빠르다 (速い)　기르다 (飼う) 성격 [성격] (性格)　다르다 (違う、異なる)　파티 (パーティー)　부르다 (呼ぶ) 모르다 (知らない、わからない)　사전 (辞書)　사전을 찾다 (辞書を引く)　흐르다 (流れる) 따르다 (従う)　치르다 (行う、支払う)　시험을 치르다 (試験を受ける)

練習 次の用言を解要体と過去形で書いてみましょう。

意味	基本形	해요体	過去形 (해요体)
1. 速い	빠르다		
2. 呼ぶ	부르다		
3. 選ぶ	고르다		
4. 切る	자르다		
5. 急ぐ	서두르다		
6. 押す	누르다		

会話

유리 : 민기 씨, 이번 방학 때 일본에서 우리 가족이 와요.

다 같이 부산에 여행을 가고 싶어요.

민기 : 좋겠네요.

유리 : 네, 정말 기뻐요. 그런데, 서울에서 부산까지

고속버스로 얼마나 걸려요?

민기 : KTX가 더 편하고 빨라요. KTX로 3시간 정도예요.

유리 : 몰랐어요. 고마워요.

민기 : 부산은 음식도 맛있고 경치도 좋아서 인기가

많으니까 예약 서둘러요.

語句　고르다 (選ぶ)　자르다 (切る)　서두르다 (急ぐ)　누르다 (押す)　이번 (今度の)　때 (〜の時)
여행을 가다 (旅行に行く)　-네요 (〜ですね)　고속버스 (高速バス)　얼마나 (どれくらい)
편하다 (楽だ、便利だ)　정도 (程度、くらい)　경치 (景色)　인기 [인끼] (人気)
인기가 많다 (人気が高い)　예약 (予約)

第35課　KTXがもっと速いです。　**131**

総合練習 日本語の意味に合うように空欄を埋めましょう。文末は해요体にすること。

1. 意見が異なります。　　　　의견이 _____ .

2. 道がよく分かりません。　　길을 잘 _____ .

3. 犬を飼っています。　　　　개를 _____ .

4. 先に色を選んでください。　먼저 색을 _____ .

5. 髪を切りましたか。　　　　머리를 _____ ?

作文練習 次の日本語を韓国語に直し、この課で学んだことを確認しましょう。
35-3 　　　　文末は指定がなければ해요体にすること。

1. タクシーより電車 (の方) がもっと速いです。

2. 誕生日に友達をたくさん呼びました。(합니다体で)

3. このボタンを押してみてください。(-아/어 보세요を使う)

4. 最近、物価がかなり上がりました。(합니다体で)

5. 時間がなくて急ぎました。

語句	의견 (意見)　먼저 (先に)　택시 (タクシー)　보다 (〜より)　전철 (電車)　이 (この)
	버튼 (ボタン)　요즘 (最近)　물가 (物価)　꽤 (かなり)　오르다 (上がる)

復習（第23課〜第35課）

（1）文型練習

36-1

1. 羅列・順序 -고、対立する事柄 -지만
   - 내일 친구하고 뭐 해요?

     －영화도 보고 식사도 해요.
   - 한국어 공부는 어때요?

     －어렵지만 아주 재미있어요.

2. 動作の進行 -고 있다、願望 -고 싶다
   - 지금 뭐 하고 있어요?

     －방에서 노래를 듣고 있어요.
   - 한국에서 뭘 하고 싶어요?

     －고궁에서 한복을 입고 사진을 찍고 싶어요.

3. 子音語幹用言と하다用言の過去形 -았어요/었어요/했어요、
   手段・方向などを表す助詞 -(으)로
   - 교실에 누가 있었어요?

     －교실에는 아무도 없었어요.
   - 어제 뭐 했어요?

     －대사관에서 비자를 받았어요.
   - 오사카에서 도쿄까지 뭘 타고 왔어요?

     －지난주에 비행기로 왔어요.

語句 식사 (食事)　고궁 (古宮)　한복 (韓服)　누가 (誰が)　아무도 (誰も)　어제 (昨日)

4. 母音語幹用言と名詞文の過去形 이었어요/였어요

- 지난주에 뭘 했습니까?
    - ㅡ여동생하고 오래간만에 연극을 봤습니다.
- 언니는 옛날부터 노래를 잘했어요?
    - ㅡ우리 언니는 원래 가수였어요.

5. 丁寧な依頼・勧誘 ㅡ아/어 주세요、ㅡ아/어 보세요、原因などを表す ㅡ아서/어서

- 한국말을 잘하고 싶어요.
    - ㅡ매일 한국 신문을 읽어 보세요.
- 죄송하지만, 선생님 있습니까?
    - ㅡ여기서 잠시만 기다려 주세요.
- 점심은 한국 음식 어때요?
    - ㅡ좋네요. 저는 비빔밥을 좋아해서 자주 먹어요.

6. 理由を表す ㅡ(으)니까、目的を表す ㅡ(으)러

- 오늘 시간 있어요?
    - ㅡ미안해요. 오늘은 바쁘니까 내일 와 주세요.
- 미국에는 왜 왔어요?
    - ㅡ영어를 배우러 어학연수를 왔어요.

7. 不可能形 ㅡ지 못하다、못 ㅡ하다、意志・推量を表す ㅡ겠

- 내일 모임에 못 와요?
    - ㅡ고향에서 친구가 와서 가지 못해요.
- 이번 여행은 차로 같이 가요.
    - ㅡ미안합니다. 저는 운전 못 합니다.
- 내일 시험 공부했어요?
    - ㅡ아니요, 지금부터 도서관에 가서 열심히 하겠어요.

語句	오래간만 (久しぶり)　연극 (演劇)　옛날 (昔)　잘하다 (上手だ)　원래 [월래] (もともと) 한국말 [한궁말] (韓国語)　죄송하다 (申し訳ない、すまない)　여기서 (ここで)　ㅡ네요 (〜ですね) 미국 (アメリカ)　영어 (英語)　모임 (集まり)　못 오다 [모도다] (来られない)　차 (車) 운전 (運転)

（2）文型練習：変則活用

1. ㄷ変則活用、의

- 지금 라디오로 뭘 들어요?

  −한국 뉴스를 듣고 있어요.

- 이 단어의 의미를 가르쳐 주세요.

  −저도 모르니까 선생님한테 물어 보세요.

2. ㅂ変則活用

- 김치찌개 안 매워요?

  −조금 맵지만 아주 맛있어요.

- 이 음식을 유리 씨가 다 만들었어요?

  −아니요, 친구가 많이 도와 줬어요.

3. ㅅ変則活用

- 감기는 어때요?

  −약을 먹고 다 나았어요.

- 밖이 아주 시끄러워요.

  −네, 우리 집 옆에 새집을 지어요.

語句	다 (全て)　만들다 (作る)　도와 주다 (手伝ってくれる)　감기 (風邪)　약 (薬)
	약을 먹다 (薬を飲む)　새집 (新しい家)

4. ㅎ変則活用

- 이 옷 어때요?

  ―아주 예뻐요. 그러니까 사서 입어 보세요.

- 창밖이 하얘요.

  ―어젯밤에 눈이 와서 세상이 하얘요.

5. 으変則活用

- 요즘 회사 일이 많이 바빠요?

  ―아니요, 요즘은 별로 안 바빠요.

- 친구한테 선물을 받아서 너무 기뻐요.

  ―좋겠네요. 생일이었어요?

- 매일 일기를 써요?

  ―아니요, 가끔 써요.

6. 르変則活用

- 그 사람 집을 알아요?

  ―아니요, 전화번호는 알지만, 집은 몰라요.

- 집에서 거북이를 길러요?

  ―저는 동물을 좋아해서 개하고 고양이도 길러요.

語句	그러니까 (だから)　창밖 (窓の外)　어젯밤 [어제빰/어젣빰] (昨夜)　세상 (世の中、世界)
	많이 (たくさん、とても)　요즘 (最近)　별로 (あまり)　일기 (日記)　가끔 (ときどき、たまに)
	전화번호 (電話番号)　거북이 (亀)　동물 (動物)　개 (犬)

음악 듣는 것을 좋아해요.

音楽（を）聞くことが好きです。

◀ キーフレーズ ▶

재미있는 영화를 봤어요.	面白い映画を見ました。
한국에서 **온** 친구를 만나요.	韓国から来た友達に会います。
제가 **만든** 요리 맛있었어요?	私が作った料理、おいしかったですか。
한국에서는 밥을 **먹을** 때 숟가락을 써요.	韓国ではご飯を食べる時、スプーンを使います。

37-1

POINT1 動詞・存在詞の現在連体形　〜する〜、〜している〜

語幹＋現在連体形の語尾は	例	
動詞語幹＋**는**	음악을 듣는[든는] 것	音楽を**聞く**こと
動詞ㄹ語幹＋**는** （ㄹ脱落）	내가 **사는** 집	私が**住んでいる**家
存在詞語幹＋**는**	저기에 **있는**[인는] 사람 **재미없는**[재미엄는] 영화	あそこに**いる**人 **つまらない**映画

① **連体形**とは名詞を修飾する形です。例の太字部分はそれぞれ名詞、「것, 집, 사람, 영화」を修飾しています。現在連体形は、現在していること、習慣や一般的な事実や、すでに決まっていることについて説明する形です。

② 動詞や存在詞（있다・없다やそれらがつく形容詞）の現在連体形はパッチムの有無に関係なく「는」がつきますが、「ㄹ語幹」では「ㄹ」が脱落します。

③ 連体形語尾の「는」がつく際に、語幹のパッチムが［ㄱ］［ㄷ］［ㅂ］の発音の場合、鼻音化が起きます。発音に注意しましょう。

練習1 次の下線部の動詞を連体形にして、「〜する、している〜」という文を作りましょう。

1. 매일 <u>먹다</u> 음식　　　　　　（毎日食べている食べ物）

語句　겄（こと、もの）　숟가락（スプーン）

2. 내가 <u>알다</u> 사람　　　　　　（私が知っている人 ★ㄹ語幹）

3. 저기에 <u>있다</u> 학생　　　　　　（あそこにいる学生）

4. <u>좋아하다</u> 가수가 누구예요?　　（好きな歌手は誰ですか。）

POINT2　動詞の過去連体形、動詞・存在詞の未来連体形

（1）動詞の過去連体形：〜した〜

語幹の種類	例
パッチム㊎動詞語幹＋ㄴ	어제 **만난** 친구　昨日会った友達
パッチム㊒動詞語幹＋은	점심에 **먹은** 빵　昼に食べたパン
ㄹ語幹＋ㄴ（ㄹ脱落）	내가 **만든** 음식　私が作った料理

（2）動詞・存在詞の未来連体形：〜する〜

語幹の種類	例
パッチム㊎動詞語幹＋ㄹ	내일 **만날** 친구　明日会う友達
パッチム㊒動詞語幹＋을	파티에서 **입을** 옷　パーティーで着る服
ㄹ語幹＋ㄹ（ㄹ脱落）	고서점에 **팔** 책　古本屋に売る本

① 過去連体形は、過去に起きたことや状態などを表す場合に使います。パッチムがない場合は「ㄴ」、ある場合は「은」がつきます。

② 未来連体形はパッチムがない場合は「ㄹ」、ある場合は「을」が付きます。意味としては「〜する（予定の）〜」というニュアンスになります。

③「〜する時（때）」「〜する場合（경우）」「〜する予定（예정）」などいくつかの名詞の前では「未来」の意味と関係なく未来連体形が使われることがあります。

　　例　한국에서는 밥을 먹을 때 숟가락을 씁니다.
　　　　韓国ではご飯を食べる時スプーンを使います。

④ 存在詞の過去連体形は「은」を使いません。（第38課で学習します）

⑤ ㅅ、ㄷ、ㅂパッチムが付く語幹の場合「은」「을」がつく際に変則活用をするので注意が必

語句 고서점（古本屋）　경우（場合）　예정（予定）

要です。（으で始まる語尾なので）

例 작년에 지은 집 　 昨年建てた家
　 음악을 들을 때 　 音楽を聞くとき
　 누운 사람 　 　 横になった人

練習2 次の下線部の動詞を連体形にして、「～した～」「～する（予定の）～」という文を作り
ましょう。

1. 내일 <u>가다</u> 곳 （明日行く場所）

2. 어제 <u>듣다</u> 노래 （昨日聞いた歌・ㄷ変則）

3. 친구하고 <u>놀다</u> 예정 （友達と遊ぶ予定）

4. 질문이 <u>있다</u> 때는 물어 보세요. （質問がある時は尋ねてみてください）

＊「～するとき」は常に「未来連体形＋때」となります。

会話

37-2

유리 : 민기 씨, 주말에 뭐 했어요?

민기 : 저는 부산에서 온 친구를 만나서 재미있는 연극을
　　　 봤어요.

유리 : 그래요? 저도 보고 싶어요.

민기 : 대학로에 있는 극장에서 해요. 다음 달에도 볼
　　　 예정이에요.

유리 : 다음 달에는 저도 데려가 주세요.

민기 : 그럼 시간을 맞춰서 같이 가요.

語句 곳 (場所) 부산 (プサン〈釜山〉) 연극 (演劇) 대학로 [대항노] (テハンノ〈大学路〉・
ソウル市内の劇場が多い地域) 극장 (劇場) 다음 달 [다음딸] (来月) 데려가다 (連れて行く)
맞추다 (合わせる)

日本語の意味に合うように空欄を埋めましょう。

1. 面白い本、ありますか。 _____ 책, 있어요?

2. スカートをはいた (着た) 女の子がいます。

   치마를 _____ 여자 아이가 있어요.

3. おいしいものを食べたいです。 _____ 것을 먹고 싶어요.

4. 今日はキムチチゲを作る予定です。

   오늘은 김치찌개를 _____ 예정이에요.

5. 8時の電車に乗る予定です。(합니다体で)

   8시 전철을 _____ .

🎙️ **作文練習** 次の日本語を韓国語に直し、この課で学んだことを確認しましょう。
37-3   文末は指定がなければ해요体にすること。

1. 私が住んでいる家はあそこです。(합니다体で)

2. これは私が毎朝飲んでいるコーヒーです。

3. 明日着る服を準備して寝ます。

4. 明日が試験なので図書館で勉強している学生が多いです。(「なので」は이라서)

5. 昨日聞いた音楽がよかったのでコンサートにも行きたいです。

   (「ので」は아서/어서、아서/어서は過去形と共に使えないことに注意)

語句	치마 (スカート)　입다 (着る、はく)　여자 (女子、女性)　타다 (乗る)　저기 (あそこ)
	매일 아침 (毎朝)　준비하다 (準備する)　콘서트 (コンサート)

따뜻한 커피를 마셔요.

温かいコーヒーを飲みます。

◀ キーフレーズ ▶

따뜻한 커피를 마셔요.	温かいコーヒーを飲みます。	38-1
학생인 남동생이 있어요.	学生の（である）弟がいます。	
날씨가 좋을 때는 운동해요.	天気がいい時は運動します。	
아름다운 바다가 보고 싶어요.	美しい海が見たいです。	

POINT1 形容詞・指定詞の現在連体形

語幹の種類	例	
パッチム㊌語幹＋ㄴ 指定詞語幹＋ㄴ	**따뜻한** 차 **학생인** 남동생	**温かい**お茶 **学生の（である）**弟
ㄹ語幹＋ㄴ（ㄹ脱落）	머리가 **긴** 여자	髪が**長い**女性
パッチム㊒語幹＋은	**작은** 선물	**小さい**プレゼント

① 形容詞の連体形も「〜である」「〜な」「〜い」のように名詞を修飾します。パッチムのない語幹には「ㄴ」、パッチムのある語幹には「은」がつきます。

② 指定詞「이다」の連体形も形容詞と同じように「이다」の語幹「이」に「ㄴ」を付けて「〜である」という意味を表します。

③ ㄹ語幹の形容詞は「ㄹ」が脱落して「ㄴ」が付くので気を付けましょう。

④ 変則活用（ㅅ、ㅂ、ㅎ）の形容詞の場合、「은」が付く際に変則活用をするので注意が必要です。

練習1 次の下線部の形容詞を連体形にし、「〜な、い〜」という文を作りましょう。

1. <u>예쁘다</u> 가방을 샀어요. （かわいいバッグを買いました）
2. <u>멀다</u> 곳에서 왔어요. （遠いところから来ました・ㄹ語幹）
3. 일본에서 가장 <u>높다</u> 산 （日本で一番高い山）
4. <u>어렵다</u> 문제를 풀어요. （難しい問題を解きます・ㅂ変則）

POINT2 形容詞・指定詞の未来連体形

語幹の種類	例	
パッチム⑧ 語幹＋ㄹ	**바쁠** 때	**忙しい**とき
パッチム有 語幹＋을	옷이 **작을** 경우	服が**小さい**場合
ㄹ語幹＋ㄹ (ㄹ脱落)	시간이 **길** 때	時間が**長い**とき

① 形容詞の未来連体形はパッチムがない場合は「ㄹ」ある場合は「을」が付きます。

② 未来連体形は未来のことを表すよりも、「～なとき (때)」「～な場合 (경우)」などの決まった名詞の前で必ず未来連体形となり、習慣的に使われます。過去形に未来連体形が付いて「추웠을 때 (寒かった時)」のように使うこともできます。

③ 変則活用 (ㅅ、ㅂ、ㅎ) の形容詞の場合、「을」がつく際に変則活用をするので注意が必要です。

練習2 次の下線部の形容詞を未来連体形にして、日本語の意味に合うように文を完成させましょう。

1. 바쁘다 때는 연락 주세요. (忙しいときは連絡下さい。)

2. 춥다 때에는 따뜻한 홍차를 마셔요. (寒いときには暖かい紅茶を飲みます。)

3. 날씨가 좋다 때는 공원에 가요. (天気がいいときは公園に行きます。)

POINT3 形容詞、指定詞、存在詞の過去連体形

形容詞、存在詞、指定詞語幹＋던 ＋았던/었던	덥던 여름 저기에 있던 책 학생이었던 여동생	**暑かった**夏 あそこに**あった**本 学生**だった**妹

① 形容詞、存在詞、指定詞の過去連体形は語幹に「던」をつけて「～かった～」「～だった～」のように過去の意味を表します。

② 会話などでは、「았던/었던」のように過去形に付く場合もあります。

▶ 動詞にも「던」が付くことがあり、その場合は形容詞とは異なり、単なる過去ではなく、過去に話者が直接見聞き、あるいは経験し、かつ今は終わっていることについて述べ

語句　풀다 (解く) ↵
연락 [열락] (連絡)　홍차 (紅茶)

る場合に使います。　例 옛날에 살던 집　昔住んでいた家

会話

유리 : 민기 씨, 여기는 제가 자주 오던 카페예요.

　　　오랜만에 왔어요. 따뜻한 커피 한 잔 마셔요.

　　　제가 사겠어요.

민기 : 고마워요. 그런데 무슨 좋은 일 있어요?

유리 : 아니요, 저번 강의 내용을 가르쳐 준 것에 대한 작은

　　　마음이에요.

민기 : 공부할 때 어려운 부분은 언제든지 물어 보세요.

유리 : 늘 바쁠 때 물어서 미안해요.

連体形まとめ

	区分	過去	現在	未来
動詞	パッチム無	ㄴ 간 : 行った	는 가는 : 行く	ㄹ 갈 : 行く
	ㄹ語幹	ㄴ 논 : 遊んだ	노는 : 遊ぶ	ㄹ 놀 : 遊ぶ
	パッチム有	은 먹은 : 食べた	먹는 : 食べる	을 먹을 : 食べる
存在詞	있다/없다	던 있던 : いた、あった	는 있는 : いる 맛있는 : おいしい	을 있을 : いる 맛있을 : おいしい
形容詞	パッチム無	던 바쁘던 : 忙しかった	ㄴ 바쁜 : 忙しい	ㄹ 바쁠 : 忙しい
	ㄹ語幹		ㄴ 긴 : 長い	ㄹ 길 : 長い
	パッチム有		은 높은 : 高い	을 높을 : 高い
指定詞	이다/아니다	던 학생이던 : 学生だった	ㄴ 학생인 : 学生の	ㄹ 학생일 : 学生の

語句	오랜만 (久しぶり)　좋은 일 [조은닐] (いい事)　저번 (前回の)　강의 (講義)　내용 (内容) 가르쳐 주다 (教えてくれる)　-에 대한 (～に対する)　작다 (小さい)　마음 (気持ち、心) 부분 (部分)　언제든지 (いつでも)　늘 (いつも)　미안하다 (申し訳ない、すまない)

総合練習 次の日本語を韓国語に直し、この課で学んだことを確認しましょう。
文末は指定がなければ해요体にすること。

1. 温かい紅茶が好きです。

　　　　　　　　　　　　　　　　홍차를 좋아해요.

2. 沖縄で美しい海を見ました。

오키나와에서 　　　　　　　　　　　　 바다를 봤습니다.

3. もう少し小さいサイズはありませんか。

좀 더 　　　　　　　　　　 사이즈는 없어요?

4. 高校生の弟と小学生の妹がいます。

　　　　　　　　　　　　　　　　이 있어요.

5. 天気がいい日には公園に行きます。

날씨가 　　　　　　　　　　 날에는 공원에 가요.

🎙️ **作文練習** 次の日本語を韓国語に直し、この課で学んだことを確認しましょう。
38-3　　　　　　文末は指定がなければ해요体にすること。

1. 辛い料理は好きですか。

2. 忙しいときは手伝いに行きます。(意志の겠を使って)

3. 先生である母は毎日忙しいです。

4. あの学生は遠い国から来た留学生です。

5. 難しい問題を短い時間で解きました。(この場合の「で」は에を使う)

語句	아름답다 (美しい)　**좀 더** (もう少し)　**사이즈** (サイズ)　고등학생 (高校生)　남동생 (弟) 초등학생 (小学生)　날 (日)　음식 (料理、食べ物)　돕다 (手伝う)　멀다 (遠い)　나라 (国) **문제** (問題)　짧다 [짤따] (短い)　풀다 (解く)

第39課

저녁에 비가 올 것 같아요.

夕方雨が降りそうです。

◀ キーフレーズ ▶

아침에 비가 **온 것 같아요.**	朝雨が降ったようです。
내일은 **바쁠 것 같아요.**	明日は忙しそうです。
공부할 때 한국 노래를 들어요.	勉強する時韓国の歌を聞きます。
어학연수를 갈 **예정**이에요.	語学研修に行く予定です。

POINT1 連体形＋것 같다（～ようだ・推量・不確実な断定）

① 動詞過去連体形 語幹＋ㄴ/은 것 같다： ～だったようだ	비가 온 것 같아요. 雨が降ったようです（動詞・過去）
② 動詞現在連体形・存在詞連体形 語幹＋는 것 같다：～ているようだ	비가 오는 것 같아요. 雨が降っているようです（動詞・現在）
③ 形容詞・指定詞連体形 語幹＋ㄴ/은 것 같다：～いようだ	지금 바쁜 것 같습니다. 今、忙しいようです（形容詞）
④ 未来連体形（すべての語幹） 語幹＋ㄹ/을 것 같다：～するだろう、 ～しそうだ、～すると思う	비가 올 것 같아요. 雨が降りそうです（動詞・未来） 이것은 비쌀 것 같습니다. これは高そうです（形容詞）

① 動詞や形容詞の連体形に「것 같다」をつけると、「～ようだ」「～（し）そうだ」など、推量や不確実な断定を表すことができます。

② 連体形を過去、現在、未来と使い分けることで、それぞれの時点における推量を述べることができます。

語句　한국 노래 [한궁노래]（韓国の歌）

練習1 次の下線部を日本語の意味に合うように「것 같다」を使った韓国語の文に直しましょう。

1. この服は少し大きいようです。　　　　　이 옷이 좀 <u>크다</u>.

2. 冬は東京よりソウル (の方) がもっと寒そうです。　겨울은 도쿄보다 서울이 더 <u>춥다</u>.

3. 弟は今部屋にいるようです。　　　　　남동생은 지금 방에 <u>있다</u>.

4. ユリさんは新聞を全部読んだようです。　유리 씨는 신문을 다 <u>읽다</u>.

POINT2 未来連体形と共に用いるいろいろな表現

-ㄹ/을 때 : ～する時	① 공부할 때	勉強する時
	② 공부했을 때	勉強した時
-ㄹ/을 예정 : ～する予定	③ 친구를 만날 예정	友達に会う予定
-ㄹ/을 생각 : ～するつもり (考え)	④ 취직할 생각	就職するつもり
-ㄹ/을 필요 : ～する必要	⑤ 일찍 갈 필요가 있어요	
		早く行く必要があります

① 上記の名詞「때、예정、생각、필요」などは全て未来連体形と共に用いられます。
② 때について「～した時」のように過去のことを言う場合は過去の「았/었」に「을」を付け、
　「았을 때、었을 때」のように言います。
　　例　학교에 갔을 때　学校に行った時

練習2 下線部の用言に必要な語句を補い、日本語の意味に合うように書き換えて、韓国語の文を完成させましょう。

1. 10時までに集まる必要があります。　　　10시까지 <u>모이다</u>

2. 私が大変なときは手伝って下さい。　　　제가 <u>힘들다</u> 도와 주세요.

3. 友達と一緒に韓国の歌を聞く予定です。　친구하고 같이 한국 노래를 <u>듣다</u>

4. 卒業後は大学院に入学するつもりです。　졸업 후에는 대학원에 <u>입학하다</u>

語句　생각 (考え、つもり)　필요 (必要)　대학원 (大学院)　입학하다 [이파카다] (入学する)

39-2

민기 : 유리 씨, 내일 뭐 해요?

유리 : 시장에 가서 고향에 가지고 갈 선물을 살 생각이에요.

민기 : 혼자 가요?

유리 : 네, 친구들은 모두 시간이 없는 것 같아요. 내일부터
　　　귀국 준비로 많이 바쁠 것 같아요.

민기 : 시장은 다른 가게보다 문을 일찍 닫는 것 같아요.
　　　아침 일찍 갈 필요가 있어요.

유리 : 아침부터 가서 많이 살 예정이에요. 민기 씨, 좀 도와
　　　주세요.

総合練習 日本語の意味に合うように空欄を埋めましょう。

1. 課題が難しいときは先生に質問します。

　　과제가 _____ 는 선생님에게 질문합니다.

2. 明日は寒そうです。

　　내일은 _____ 것 같아요.

3. この本を来月末までに読むつもりです。

　　이 책을 다음 달 말까지 _____ 이에요.

4. 暑いときはエアコンをつけます。

　　_____ 는 에어컨을 켜요.

語句	시장 (市場)　고향 (故郷)　**가지고 가다** (持っていく)　**혼자** (一人で)　모두 (みんな)
	귀국 (帰国)　다르다 (違う、異なる)　다른 (他の)　−보다 (〜より)　**문** (ドア、門)
	문을 닫다 (閉店する)　과제 (課題)　말 (末)

5. 土曜日までに資料を準備する必要があります。

토요일까지 자료를 .... 필요가 있습니다.

39-3
作文練習 次の日本語を韓国語に直し、この課で学んだことを確認しましょう。
　　　　文末は指定がなければ해요体にすること。

1. 外は雪が降っているようです。(「外は」の「は」は에는を使う)

2. ユリさんは今家にいないようです。

3. もう風邪は治ったようです。(ㅅ変則)

4. 暑い時には水をたくさん飲む必要があります。

5. 夏休みには韓国に語学研修に行く予定です。

(「語学研修に行く」の「に」は助詞를/을を使う)

<table>
<tr><td rowspan="2">語句</td><td>밖 (外)　눈이 오다 (雪が降る)　지금 (今)　감기 (風邪)　낫다 (治る)　물 (水)</td></tr>
<tr><td>많이 [마니] (たくさん)　여름 방학 (夏休み)　어학연수 [어항년수] (語学研修)</td></tr>
</table>

선생님은 몇 시에 학교에 오십니까?

先生は何時に学校に来られますか。

◀ キーフレーズ ▶

40-1

선생님은 몇 시에 학교에 **오십니까?**	先生は何時に学校に来られますか。
할머니가 **좋아하시는** 과자예요.	おばあさんがお好きなお菓子です。
이 문제의 답을 **아세요?**	この問題の答えをご存じですか。
어디에 **사십니까?**	どこにお住まいですか。

POINT1 韓国語の尊敬形と補助語幹

　韓国語でも日本語と同じように尊敬形や謙譲形が使われます。基本的には日本語と同じように目上の人に対して使用します。しかし目上の人であれば親や身内にも敬語を使うという点が日本語とは大きく異なります。

尊敬形の補助語幹

パッチム無・ㄹ語幹 (ㄹ脱落)	パッチム有
語幹＋**시**＋語尾 例 가＋시＋ㅂ니다→가십니다 (行かれます、いらっしゃいます)	語幹＋**으시**＋語尾 例 받＋으시＋는→받으시는 (お受け取りになる〜・連体形)

▶用言語幹に (으)시をつけると、「尊敬」を表し、「お〜になる」「〜られる」の意味になります。
　(으)시は、「尊敬」の補助語幹です。

POINT2 尊敬形の합니다体と해요体 (現在形)

	尊敬の합니다体・現在形	尊敬の해요体・現在形
パッチム無 ・ㄹ語幹 (ㄹ脱落)	語幹＋시＋ㅂ니다(까?) →語幹＋십니다(까?)	語幹＋세요(?)
パッチム有	語幹＋으시＋ㅂ니다(까?) →語幹＋으십니다(까?)	語幹＋으세요(?)

語句　할머니 (祖母、おばあさん)　과자 (お菓子)　답 (答え)

① 尊敬形の합니다体現在形は、語幹に補助語幹「(으)시」と「ㅂ니다」が付いた形です。

　　例 가＋시＋ㅂ니다→가십니다　　　받＋으시＋ㅂ니까?→받으십니까?

② 尊敬形の해요体現在形は、語幹に補助語幹の「시」がつき、それに「어요」がつくと考えますが、その際に「셔요」ではなく、「**(으)세요**」という形になります。

　　例 가＋세요→가세요　　　　　　받＋으세요?→받으세요?

③ ㄹ語幹用言の場合「ㅅ」で始まる語尾の前でも「ㄹ」が脱落します。そのため尊敬の補助語幹がつく際に、「ㄹ」は脱落します。

　　例 답을 아십니까?　答えをご存じですか。

　　　　알 (ㄹ脱落)＋십니까→아십니까? (ご存じですか)

④ 以下の変則活用では、「으」で始まる語尾が続く場合と同じになります。

　　ㄷ変則：듣다→들으세요 (お聞きになります)　　ㅅ変則：짓다→지으세요 (建てられます)

　　ㅂ変則：춥다→추우세요? (お寒いですか)　　　ㅎ変則：어떻다→어떠세요? (いかがですか)

練習1 次の動詞を尊敬形の합니다体と해요体で書いてみましょう。

動詞	意味	십니다/으십니다	세요/으세요
1. 사다	買う		
2. 열다	開ける (ㄹ語幹)		
3. 웃다	笑う		
4. 걷다	歩く (ㄷ変則)		
5. 낫다	治る (ㅅ変則)		

POINT3 尊敬形の過去形

	尊敬の합니다体・過去形	尊敬の해요体・過去形
パッチム⑭ ・ㄹ語幹 (ㄹ脱落)	語幹＋시＋었습니다→셨습니다 例 사＋셨습니다→사셨습니다 　　　　　　買われました	語幹＋시＋었어요→셨어요 例 사＋셨어요→사셨어요 　　　　　買われました
パッチム⑲	語幹＋으시＋었습니다→으셨습니다 例 닫＋으셨습니다→닫으셨습니다 　　　　　お閉めになりました	語幹＋으시＋었어요→으셨어요 例 닫＋으셨어요→닫으셨어요 　　　　　お閉めになりました

▶尊敬の過去形は 語幹＋補助語幹 시＋語尾 (었습니다/었어요 など) のように組み合わせます。

▶補助語幹には他にも第25課の「過去」を表す았/었や、第29課の「意志」を表す겠があり、一緒に使うことができます。その場合は語幹の後に「尊敬・過去・意志」の順に繋げます。

例 이미 도착하셨겠어요. すでに到着されたでしょう。

練習2 次の下線部の動詞を尊敬の過去形に直し、日本語の意味に合うように韓国語の文を完成させましょう。指定がないものは해요体にすること。

1. 선생님은 교실에 오다? 先生は教室に来られましたか。

2. 무슨 음악을 듣다? 何の音楽をお聞きになりましたか。 ＊ㄷ変則

3. 할머니는 이 책을 읽다. おばあさんはこの本をお読みになりましたか。
(합니다体で)

4. 아버지는 많은 것을 알다. 父はたくさんのことをご存じでした。 ＊ㄹ語幹

会話

40-2

점원 : 손님, 찾으시는 물건 있으십니까?

손님 : 할머니 생신 선물을 사고 싶어요.

점원 : 이 분홍색 목도리는 어떠세요?

손님 : 색도 좋고 따뜻한 느낌이네요. 할머니가 좋아하시는

색이 분홍색이에요.

점원 : 이 상품은 아주 인기가 많아요.

할머님도 좋아하시겠어요.

語句　이미 (もう、すでに)　도착하다[도차카다] (到着する)　점원 (店員)　손님 (お客様)　물건 (品物)
생신 (お誕生日・生日の尊敬語)　분홍색 (ピンク色)　목도리 (マフラー)　색 (色)　느낌 (感じ、
感触)　-네요 (〜ですね)　상품 (商品)　할머님 (おばあさま・할머니をさらに高める呼び方)

総合練習 日本語の意味に合うように尊敬形を使って空欄を埋めましょう。文末は指定された形にすること。

1. 何時に行かれますか。　몇 시에 ＿＿＿＿＿＿＿＿＿？（해요체）

2. 写真をお撮りになりますか。　사진을 ＿＿＿＿＿＿＿＿＿？（합니다体）

3. 先生は横浜に住んでいらっしゃいます。

　선생님은 요코하마에 ＿＿＿＿＿＿＿＿＿.（합니다体）

4. 週末に時間がおありですか。　주말에 시간이 ＿＿＿＿＿＿＿＿＿？（해요체）

5. 父は毎朝新聞をお読みになります。

　아버지는 매일 아침 신문을 ＿＿＿＿＿＿＿＿＿.（합니다体）

作文練習 次の日本語を韓国語に直し、この課で学んだことを確認しましょう。
文末は指定がなければ해요体にすること。

40-3

1. おばあさんは日本のお菓子がお好きです。

2. この難しい問題の答えをご存知ですか。（합니다体で）

3. 私が送った手紙、受け取られましたか。

4. お好きな韓国料理は何ですか。

5. 先生がメールをくださいました。（합니다体で）

語句　사진을 찍다（写真を撮る）　문제（問題）　보내다（送る）　편지（手紙）

한국 음식（韓国料理）　메일（メール）　주다（くれる）

第41課

점심, 드셨습니까?

昼食、召し上がりましたか。

◀ キーフレーズ ▶

41-1

점심을 **드셨습니까?**	昼食を召し上がりましたか。
선생님께서는 연구실에 **계세요.**	先生は研究室にいらっしゃいます。
할머니께 생신 선물을 **드렸습니다.**	おばあさんにお誕生日プレゼントを差し上げました。
성함이 어떻게 되세요?	お名前は何とおっしゃいますか。

POINT 特殊な尊敬形・謙譲形

	普通の形	尊敬・謙譲形
用言	말하다:話す	말씀하시다:お話しされる、おっしゃる (尊敬) 말씀드리다:申し上げる (謙譲)
	먹다:食べる、마시다:飲む	잡수시다:召し上がる 드시다:召し上がる
	주다:あげる 자다:寝る 있다:いる	드리다:差し上げる (謙譲) 주무시다:お休みになる 계시다:いらっしゃる
名詞	밥:ご飯 집:家 말:言葉 이름:名前 나이:歳 생일:誕生日	진지:お食事 댁:お宅 말씀:お言葉・お話 성함:お名前 연세:ご年齢 생신:お誕生日
助詞	가/이:が 는/은:は 에게:に 도:も	께서　　할아버지께서 (おじいさんが) 께서는　선생님께서는 (先生は) 께　　　아버지께 (父に) 께서도　할머니께서도 (おばあさんも)

語句　연구실 (研究室)　어떻게 (どのように)　되다 (なる)

① 韓国語の尊敬形や謙譲形には、上に挙げたとおり、日本語の「召し上がる」と「食べる」のように元の動詞と形が違う特殊なものがあります。

② 特殊な尊敬形はすでに尊敬の意味を含んでいるため、第40課で学んだ尊敬の補助語幹「(으)시」をさらに付ける必要はありません。합니다体は他の普通の動詞のように語幹に「ㅂ니다」を付けます。해요体については「시다」を取って「세요」を付けます。

> 例　진지를 드십니다.　　　　　　お食事を召し上がります。　×드시십니다
>
> 　　선생님께서는 교실에 계세요.　先生は教室にいらっしゃいます。　×계시세요

③ 尊敬の助詞については必ず使わなければならないものではありませんが、目上の人物について使うことでより丁寧になります。

> 例　선생님**께서** 서울에 가십니다.　　先生がソウルに行かれます。
>
> 　　할머니**께** 편지를 드립니다.　　おばあさんに手紙を差し上げます。

④ 目上の人に名前や年齢を尋ねるときは、上記の「성함、연세」を使って、以下のように尋ねます。これは決まり文句なので丸ごと覚えましょう。

> 例　성함이 어떻게 되세요/되십니까?　お名前は何とおっしゃいますか。
>
> 　　연세가 어떻게 되세요/되십니까?　お歳はおいくつでいらっしゃいますか。

⑤ 名詞文の尊敬形は名詞に (이)십니다あるいは (이)세요が付きます。最後にパッチムがない名詞につく場合이が省略されます。

> 例　이분이 다나카 선생님이세요.　　この方が田中先生でいらっしゃいます。
>
> 　　댁이 어디십니까? (이省略)　　　お宅はどちらですか。

⑥ 있다の尊敬形には계시다だけではなく있다に補助語幹の으시を加えた있으시다も使いますが、있으시다は尊敬対象となる人に所属する人や物について使います。

> 例　시간 있으세요?　　　　　　　　時間がおありですか。
>
> 　　선생님께서는 5살 따님이 있으십니다.　先生は5歳の娘さんがいらっしゃいます（おありです）。

語句　이분 (この方)

練習 次の日本語の文を特殊な尊敬形・謙譲形を使って韓国語に直しましょう。**助詞も尊敬形にして下さい。**韓国語では身内にも敬語を使うことに気を付けましょう。

1. おじいさん（할아버지）はどこにいらっしゃいますか。（합니다体）

2. お母さんにプレゼントを差し上げました。（합니다体）

3. お食事を召し上がりましたか。（해요体）

会話

(41-2)

유　리 : 선생님, 오늘 오후에 시간 있으세요?

선생님 : 네, 괜찮아요. 그런데 무슨 일 있어요?

유　리 : 말씀드리고 싶은 일이 있어서요.

선생님 : 그럼　1시쯤은 어때요?

유　리 : 죄송합니다. 수업이 1시 40분에 끝나요.

　　　　 2시쯤에는 연구실에 안 계세요?

선생님 : 아니요, 괜찮아요. 그럼 2시에 와요.

覚えよう

韓国語の敬語: 韓国語の敬語は日本語の敬語とよく似ているように見えます。ところが日本語は目上の人に対しても「です・ます」を使っていれば、それほど失礼にならない場面も多いのですが、韓国語は目上の人には原則として敬語を使います。つまり韓国語の敬語は言語の中に組み込まれたものであり、日本語の敬語は言語に付随するもの（マナーに近いもの）であると考えられます。韓国では幼児のうちから家庭や幼稚園で自然に敬語を覚えられるよう、親や先生が場面に応じて敬語を使って話しかけたりします。そのため小学生くらいになると上手に日常会話で敬語を使えるようになるようです。

語句	오후 (午後)　그런데 (ところで)　무슨 (何の)　일 (用事)　무슨 일 [무슨닐] 있어요?
	(どうしたんですか)　쯤 (頃)　끝나다 [끈나다] (終わる)　그럼 (それでは)

総合練習 日本語の意味に合うように空欄を埋めましょう。

1. 先生がお話しされたことをノートに書きました。（連体形にも注意）

　　선생님께서 ＿＿＿＿＿＿＿＿＿ 것을 노트에 적었어요.

2. 昨日は何時にお休みになりましたか。

　　어제는 몇 시에 ＿＿＿＿＿＿＿＿＿? （해요体）

3. 先生に事情を申し上げました。

　　선생님께 사정을 ＿＿＿＿＿＿＿＿＿. （합니다体）

4. お父さんは家にいらっしゃいますか。

　　아버지께서는 댁에 ＿＿＿＿＿＿＿＿＿? （합니다体）

5. 朝ご飯を召し上がりましたか。

　　아침을 ＿＿＿＿＿＿＿＿＿? （해요体）

🎙 **作文練習** 次の日本語を韓国語に直し、この課で学んだことを確認しましょう。
41-3 　　　　　　文末は指定がなければ 해요体にすること。

1. おばあさんに差し上げる誕生日プレゼントを買いました。

2. 先生に遅刻した理由を申し上げました。

3. お名前は何とおっしゃいますか。（합니다体）

4. 社長のお宅はどちらですか。（名詞文の尊敬形）

5. お薬はお飲みになりましたか。（薬を飲む：약을 먹다、먹다を尊敬形にする）

語句	적다（書く、メモする）　사정（事情）　아침（朝ご飯）　지각하다 [지가카다]（遅刻する）
	이유（理由）　사장님（社長）　약（薬）　약을 먹다（薬を飲む）

第42課

걱정하지 마세요.

心配なさらないでください。

◀ **キーフレーズ** ▶

열심히 **공부하세요**.	一生懸命勉強なさってください。
걱정하지 마세요.	心配なさらないでください。
조용히 책을 **읽으세요**.	静かに本をお読みください。
약속을 **잊지 마세요**.	約束を忘れないでください。

POINT1 丁寧な依頼表現 세요/으세요：お～ください、～（し）てください

動詞の語幹 + **세요/으세요** ～（し）てください	먼저 **가세요** お先にいらしてください。 많이 **드세요** たくさんお召し上がりください。

① 動詞に「세요/으세요?」を付けると「～なさいます（か）」という意味以外に、「お～ください」「～（し）てください」という、より丁寧な指示として使うことができます。

② 第27課で学んだ「아/어 주세요」も日本語に直すと「～（し）てください」という訳になりますが、意味としては「세요/으세요」は丁寧な指示、「아/어 주세요」はより丁寧に依頼する、という用法で「～してもらえますか」「～していただけますか」というニュアンスで使われれます。

例 33(삼십삼)페이지를 읽으세요.　33ページをお読みください。
　　그 자료를 읽어 주세요.　その資料を読んでください。

練習1 次の日本語を韓国語に直しましょう。

1. 早くお起きください。

2. 2時までに来てください。

3. 本をたくさんお読みください。

語句　걱정하다 (心配する)　조용히 (静かに)　약속 (約束)　잊다 (忘れる)　페이지 (ページ)

POINT2 禁止表現 지 마세요 : ～(し) ないでください

動詞の語幹 ＋ 지 마세요	가지 마세요 行かないでください
～(し) ないでください	먹지 마세요 食べないでください

① 動詞の語幹に「지 마세요」を付けて「～(し) ないでください」という丁寧な禁止の意味を表します。　＊「마세요」の基本形は「말다」です。

② -지はパッチムの有無やㄹ語幹、変則用言などに関係なく、語幹に付きます。

練習2　次の語句を使って、「～しないでください」という文を作ってみましょう。

1. 운전하다 / 때 / 술 / 마시다　　　運転する時、お酒を飲まないでください。

2. 창문 / 열다　　　窓を開けないでください。

3. 작품 / 손대다　　　作品に手を触れないでください。

4. 힘들다 / 때 / 무리하다　　　辛い時は無理しないでください。

42-2

会話

민기 : 유리 씨, 내일 강연회 같이 가요.

유리 : 가고 싶지만 내용이 어려워서 이해하지 못할 것 같아요.

민기 : 제가 있으니까 걱정하지 마세요.

유리 : 그럼, 많이 가르쳐 주세요.

민기 : 모르는 것은 망설이지 말고 언제든지 물어 보세요.

유리 : 고마워요. 잘 부탁해요.

語句	술 (酒)　작품 (作品)　손대다 (手を触れる)　무리하다 (無理する)　강연회 (講演会)
	이해하다 (理解する)　많이 (たくさん)　-지 말고 (～しないで)　망설이다 (ためらう、迷う)
	언제든지 (いつでも)

総合練習 日本語の意味に合うように空欄を埋めましょう。

1. ここで食べないでください。　　　여기서 ＿＿＿＿＿＿＿＿＿＿＿＿＿＿＿.

2. ドアをお開け下さい。　　　　　　문을 ＿＿＿＿＿＿＿＿＿＿＿＿＿＿＿.

3. 週末の約束を忘れないでください。　주말 약속을 ＿＿＿＿＿＿＿＿＿＿.

4. あそこで書類をお受け取り下さい。　저기서 서류를 ＿＿＿＿＿＿＿＿＿.

5. 教室では携帯電話を使わないでください。

　　　　　　　　　교실에서는 핸드폰을 ＿＿＿＿＿＿＿＿＿＿＿＿.

作文練習 次の日本語を韓国語に直し、この課で学んだことを確認しましょう。

42-3

1. 韓国語の発音は難しいので毎日練習してください。

2. 授業中に居眠りしないでください。

3. この部屋には入らないでください。

4. ソウルでおいしい韓国料理をたくさん召し上がってください。

5. 金浦空港までは、空港鉄道にお乗りください。

語句　여기서=여기에서 (ここで)　문 (ドア)　열다 (開ける)　저기서=저기에서 (あそこで)
　　　서류 (書類)　핸드폰 (携帯電話)　쓰다 (使う)　발음 (発音)　연습하다 (練習する)
　　　졸다 (居眠りする)　들어가다 (入る)　김포 공항 (金浦空港)　공항 철도 (空港鉄道)

나중에 일본에 오면.

今度日本に来たら。

◀ キーフレーズ ▶

43-1

나중에 일본에 **오면** 다시 만나요.	今度日本に来たらまた会いましょう。
반찬이 너무 **매우면** 남기세요.	おかずが辛すぎたら残してください。
시간이 **있으면** 뭘 하고 싶어요?	時間があったら何をしたいですか。
매년 김치를 만드세요?	毎年キムチを作られますか。

POINT1 仮定・条件 −면/으면：〜すれば、〜すると、〜したら

意味	パッチム㊅語幹	ㄹ語幹（脱落なし）	パッチム㊒語幹
〜すれば、〜たら、〜ければ	면		으면
	아프면 痛ければ	만들면 作れば	있으면 あれば

① パッチムのない語幹に「면」、ある語幹に「으면」をつけて仮定や条件を表します。

　　例 다리가 아프면 좀 쉬세요.　　足が痛ければ少しお休みください。

② 名詞の後ろには「(이)라면：〜なら」の語尾が付きます。

　　例 여권이라면 가지고 있어요.　　旅券なら持っています。

③ 変則活用（ㅅ、ㄷ、ㅂ、ㅎ）用言の場合、「으면」がつく際に変則活用するので注意が必要です。

　　例 낫다 나으면 (治ったら)　　　　듣다 들으면 (聞いたら)

　　　　어렵다 어려우면 (難しければ)　　그렇다 그러면 (そうならば)

練習1 次の空欄を接続語尾「(으)면」を使って埋めましょう。意味も考えましょう。

1. 머리가 ＿＿＿＿＿＿＿＿ 이 약을 드세요. (아프다：痛い)

2. 이번 주에 시간이 ＿＿＿＿＿＿＿＿ 다음 주에 만나요. (없다：ない)

語句　나중에 (後で、今度)　반찬 (おかず)　남기다 (残す)　매년 (毎年)　다리 (足、脚)
　　　여권 [여꿘] (パスポート)　이번 주 [이번쭈] (今週)　다음 주 [다음쭈] (来週)

3. 저녁에 홍차를 .... 잠이 안 와요. (마시다 : 飲む)

4. 단어의 의미를 .... 가르쳐 주세요. (알다 : 知る、知っている)

5. 문제가 .... 물어 보세요. (어렵다 : 難しい)

POINT2 **ㄹ語幹まとめ**

「ㄹ語幹」は、ㅂ니다や連体形の「는」「ㄴ」などの語尾や、尊敬形の補助語幹などの前で「ㄹ」が脱落しました。ここで、「ㄹ語幹」の活用について一度整理しましょう。

ルール1 (→第28課 **POINT1** 参照)

ㄹ語幹には母音語幹と同じ語尾が付きます。ㄹ語幹はパッチムがあるので子音語幹と同じ語尾がつくと考えがちですが、母音語幹と同じ語尾がつくので注意が必要です。

　　살다 (住む)　　　語幹 살 (ㄹ脱落) + 니까 ⇒ 사니까 (住んでいるので)

ルール2 (→第14課 **POINT1** 参照)

ㄹ語幹は後ろに「ㅂ」で始まる語尾が続くとき、「ㄹ」が脱落します。

　　알다 (知る)　　　語幹 알 (ㄹ脱落) + ㅂ니다 ⇒ 압니다 (知っています)

ルール3 (→第37課 **POINT1** ②参照)

ㄹ語幹は後ろに「ㄴ」で始まる語尾が続くとき、「ㄹ」が脱落します。

　　만들다 (作る)　　語幹 만들 (ㄹ脱落) + 는 ⇒ 만드는 (作る・現在連体形)
　　길다 (長い)　　　語幹 길 (ㄹ脱落) + ㄴ ⇒ 긴 (長い・形容詞連体形)

ルール4 (→第37課 **POINT2** 参照)

ㄹ語幹は後ろに「ㄹパッチム」で始まる語尾が続くとき、「ㄹ」が脱落します。

　　만들다 (作る)　　語幹 만들 (ㄹ脱落) + ㄹ ⇒ 만들 (作る・未来連体形)
　　길다 (長い)　　　語幹 길 (ㄹ脱落) + ㄹ ⇒ 길 (長い・形容詞未来連体形)

ルール5 (→第40課 **POINT2** ③参照)

ㄹ語幹は後ろに「ㅅ」で始まる尊敬の語尾が続くとき、「ㄹ」が脱落します。

　　알다 (知る)　　　語幹 알 (ㄹ脱落) + 세요 ⇒ 아세요 (ご存じです)

語句 홍차 (紅茶)　잠이 오다 (眠くなる)

練習2 次の日本語を ㄹ語幹用言に注意して、韓国語に直しましょう。

1. どこで遊びますか。(합니다体で)

2. 答えをご存じですか (知っていらっしゃいますか)。(尊敬形)

3. あの髪が長い女性は誰ですか。(形容詞連体形)

4. キムチを作ることは難しいです。(現在連体形)

会話

> 유리 : 저, 이번 주말에 일본으로 돌아가요.
>
> 민기 : 벌써 1년이 지났어요? 한국에서의 유학 생활은
>
> 어땠어요?
>
> 유리 : 정말 즐거웠어요. 친구들도 많이 사귀고 한국 문화에
>
> 대해서도 많이 알았어요. 역사도 알면 더 좋을 것
>
> 같아요.
>
> 민기 : 시간이 있으면 한국에 또 오세요.
>
> 유리 : 그동안 고마웠어요. 일본에 오면 꼭 연락 주세요.
>
> 민기 : 마침 다음 주에 일본에 가니까 도착하면 연락하겠어요.
>
> 유리 : 일본에는 무슨 일로?
>
> 민기 : 실은 좋아하는 사람이 생겼거든요.

語句
돌아가다 (帰る)　벌써 (もう)　지나다 (過ぎる)　생활 (生活)　즐겁다 (楽しい)
친구를 사귀다 (友達を作る、友達ができる)　문화 (文化)　-에 대해서 (〜について)　역사 (歴史)
또 (また)　그동안 (今まで、その間)　꼭 (必ず)　연락 (連絡)　마침 (ちょうど)　일 (用事)
실은 (実は)　생기다 (できる、生じる)　-거든요 [거든뇨] (〜なんですよ、〜ですから : 理由や根拠を
説明する文末表現)

総合練習 次の質問に自由に答えてみましょう。

1. 돈이 있으면 뭘 하고 싶어요?　　お金があったら何がしたいですか。

2. 날씨가 좋으면 뭘 하고 싶어요?　　天気が良ければ何がしたいですか。

3. 시험이 끝나면 뭘 하고 싶어요?　　試験が終わったら何がしたいですか。

4. 방학을 하면 뭘 하고 싶어요?　　休みになったら何がしたいですか。

5. 졸업하면 뭘 하고 싶어요?　　卒業したら何がしたいですか。

作文練習 次の日本語を韓国語に直し、この課で学んだことを確認しましょう。
文末は指定がなければ해요体にすること。

43-3

1. 公園で騒いでいる人がいます。

2. 料理の量が多ければ残して下さい。

3. 春になったらお花を植えるつもりです。

4. 遅れそうだったらタクシーに乗ってきてください。(〜そうだ:을 것 같다)

5. アルバイトをしてお金を貯めたら留学に行きたいです。(「〜て」は아서/어서を使う)

語句	방학을 하다 (学校が休みになる)　공원 (公園)　떠들다 (騒ぐ)　음식 (料理、食べ物)　양 (量) 봄 (春)　-가/이 되다 (〜になる)　꽃 (花)　심다 (植える)　늦다 (遅れる)　택시 (タクシー) 모으다 (集める、貯める)

復習と応用（第37課〜第43課）

🎙️ **文型練習**
44-1

1. 動詞・存在詞の連体形

- 유리 씨는 뭘 좋아해요?

  ―저는 한국 노래를 듣는 것을 좋아해요.
- 아까 먹은 빵, 맛있었어요. 어디서 샀어요?

  ―역 앞에 있는 가게에서 샀어요.

2. 形容詞の現在連体形 ㄴ/은

- 따뜻한 차 한 잔 어때요?

  ―저는 따뜻한 커피 한 잔 마시겠어요.
- 옷이 맞아요?

  ―좀 더 작은 사이즈는 없어요?

3. 未来連体形と共に用いる表現 ―것 같다

- 내일 시간이 있습니까?

  ―아니요, 내일 좀 바쁠 것 같아요.
- 방학 때 뭐 해요?

  ―한국에 여행을 갈 예정이에요.

4. 尊敬形 ―시

- 할머니께서는 어떤 차를 좋아하세요?

  ―이거, 우리 할머니가 좋아하시는 녹차예요.
- 선생님은 어디에 사세요?

  ―나는 요코하마에 살아요.

語句　아까（さっき、先ほど）　어디서=어디에서（どこで）　맞다（合う）　이거=이것（これ）　녹차（緑茶）

5. 特殊な尊敬形、謙譲形

- 성함이 어떻게 되세요?

  －다나카 유리예요.

- 점심은 드셨습니까?

  －네, 식당에서 먹었습니다.

6. 丁寧な依頼 −(으)세요、禁止表現 −지 마세요

- 강연회는 몇 시부터예요?

  －한 시 반부터예요. 늦지 마세요.

- 한국어 발음이 너무 어려워요.

  －매일 열심히 연습하세요.

7. 仮定・条件 −(으)면、ㄹ語幹まとめ

- 한국 음식은 맛있지만 매워요.

  －너무 매우면 남기세요.

- 저기에 있는 머리가 긴 여자를 아세요?

  －네, 민기 씨 여동생이에요.

한국어 공부 재미있어요?

44-2

読んで書いてみよう1 次の作文を読んでみましょう。

내가 좋아하는 것

　오늘은 제가 좋아하는 것에 대해서 소개하겠습니다. 저는 더운 여름을 좋아합니다. 여름에는 바다나 산에도 가고 맛있는 아이스크림도 먹어요. 그리고 저는 음악도 좋아합니다. 특히 피아노를 치는 것을 좋아합니다. 어릴 때부터 피아노를 배워서 피아노를 치면 마음이 편안해집니다. 음악을 듣는 것도 좋아합니다. 클래식 음악을 많이 듣지만 요즘은 K-POP도 자주 들어요. 열심히 공부해서 K-POP 가사를 이해하고 싶어요.

練習 自分の好きなもの（좋아하는 것）や嫌いなもの（싫어하는 것）について、連体形を使って書いてみましょう。

語句	좋아하다 (好む、好きだ)　**소개하다** (紹介する)　－(이)나 (〜や)　특히 [트키] (特に)
	피아노를 치다 (ピアノを弾く)　**어리다** (幼い)　마음 (心)　**편안해지다** (安らぐ)
	클래식 음악 (クラシック音楽)　K-POP (케이 팝：韓国大衆音楽)　자주 (よく、ひんぱんに)
	가사 (歌詞)　이해하다 (理解する)　싫어하다 (嫌う、嫌いだ)

166　第2部　文法編

사랑하는 할머니께

　할머니, 안녕하세요. 오랜만에 편지를 드립니다. 날씨가 추운데 건강은 어떠세요?

　저는 이제 학기가 다 끝나고 시험만 보면 겨울 방학입니다. 이번 학기는 강의가 많아서 힘들었지만 열심히 했어요. 할머니께서 선물해 주신 가방도 학교에 갈 때 잘 쓰고 있습니다. 방학 때는 일본 친구와 같이 한국에 가겠습니다. 빨리 할머니를 뵙고 싶어요.

　추우니까 건강 조심하세요.

김민기 올림

練習 上の手紙を真似して、目上の人に対する手紙を書いてみましょう。

語句	오랜만 (久しぶり)　날씨 (天気)　ㄴ/은데 (〜だが、〜が)　건강 (健康)　이제 (もう) 다 (全て)　시험을 보다 (試験を受ける)　만 (〜だけ)　이번 (今度の)　힘들다 (大変だ) 아/어 주다 (〜てくれる)　빨리 (急いで、速く)　뵙다 (お目にかかる・会うだの謙譲形) 조심하다 (気を付ける)　올림 (拝・目上の人へ手紙を書く際、自分の名前の最後につける)

発音規則のまとめ

発音規則1

濃音化

　パッチムの発音 [ㄱ][ㄷ][ㅂ] の後に平音 (ㄱ, ㄷ, ㅂ, ㅅ, ㅈ) が来るとき、これらの平音は濃音 (ㄲ, ㄸ, ㅃ, ㅆ, ㅉ) で発音される。

학교 [학꾜]	学校
숟가락 [숟까락]	スプーン
밥상 [밥쌍]	食卓

発音規則2

激音化

　パッチムㄱ, ㄷ, ㅂ, ㅈ の後に「ㅎ」が来るとき、これらの平音は激音 (ㅋ, ㅌ, ㅍ, ㅊ) で発音される (ただしㄷの後に「히」が来る場合を除く)。またパッチムㅎの後にㄱ, ㄷ, ㅂ, ㅈが来るときも同じように激音になる。

백화점 [배콰점]	デパート
입학 [이팍]	入学
잊혀지다 [이쳐지다]	忘れられる
축하해요 [추카해요]	おめでとうございます
좋다 [조타]	よい

発音練習1 次の単語を発音通り書いて発音してみよう。

① 약하다 (弱い)　　[　　　　　　　]

② 답장 (返事)　　　[　　　　　　　]

③ 급행 (急行)　　　[　　　　　　　]

④ 학생 (学生)　　　[　　　　　　　]

鼻音化

　　鼻音 [ㄴ, ㅁ] の前にパッチムの発音 [ㄱ] [ㄷ] [ㅂ] が来ると、これらの音はそれぞれ鼻音である [ㅇ] [ㄴ] [ㅁ] で発音される。

　　　　　　　ㄱ→ㅇ　한국말 [한궁말]　　韓国語
　　　　　　　ㄷ→ㄴ　받는다 [반는다]　　受け取る
　　　　　　　ㅂ→ㅁ　입니다 [임니다]　　です

　＊漢字由来の語彙の場合、パッチム「ㄱ, ㅂ (ㅇ, ㅁ)」の次の文字の頭に「ㄹ」が来ると、「ㄹ」は「ㄴ」で発音されパッチム「ㄱ, ㅂ」は [ㅇ] [ㅁ] のように鼻音化する。元々パッチム「ㅁ, ㅇ」で終わっている場合はそのままで「ㄹ」が「ㄴ」に変わって発音される。
　　　독립 [동닙]　　　独立
　　　합리적 [함니적]　合理的
　　　심리 [심니]　　　心理
　　　종로 [종노]　　　鍾路 (ソウルの中心街の地名)

発音練習2 次の単語を発音通り書いて発音してみよう。

① 국내 (国内)　　　　[　　　　　　　　]

② 입문 (入門)　　　　[　　　　　　　　]

③ 박물관 (博物館)　[　　　　　　　　]

④ 종류 (種類)　　　　[　　　　　　　　]

⑤ 협력 (協力)　　　　[　　　　　　　　]

発音規則4

側音化

パッチムㄹの後にㄴが続く、あるいはパッチムㄴの後にㄹが続くと、[ㄹㄹ] という発音になる。

신라 [실라]　　　新羅

물놀이 [물로리]　　水遊び

発音練習3 次の単語を発音通り書いて発音してみよう。

① 관리 (管理)　　　[　　　　　　　]

② 전라도 (全羅道)　[　　　　　　　]

③ 만료 (満了)　　　[　　　　　　　]

発音規則5

口蓋音化

パッチムㄷ、ㅌの後に母音이が続くと、その発音は [지] [치] のようになる。

같이 [가치]　　　一緒に

굳이 [구지]　　　強いて、あえて

またパッチムㄷの後ろに히が続くと、発音は [치] となる。

닫히다 [다치다]　閉まる

発音練習4 次の単語を発音通り書いて発音してみよう。

① 해돋이 (日の出)　　[　　　　　　　]

② 굳이 (強いて)　　　[　　　　　　　]

③ 묻히다 (埋もれる)　[　　　　　　　]

発音規則6

ㅎの無音化

パッチムㅎの後に母音が続くと、ㅎの音は発音されない。

좋아요 [조아요]　　　よいです

많아요 [마나요]　　　多いです

発音練習5 次の単語を発音通り書いて発音してみよう。

① 좋아해요 (好きです)　　　[　　　　　　　　　　　　]

② 놓아 주세요 (放してください)　[　　　　　　　　　　　　]

発音規則7

2文字パッチムの発音1

　パッチムㄶやㅀの後に子音ㄱ, ㄷ, ㅂ, ㅈが続く場合、ㄴ, ㄹはパッチムとして発音され、ㅎは後ろの子音について激音化する。

많다 [만타]　　　　　　多い

괜찮다 [괜찬타]　　　　大丈夫だ

後に母音や、ㄱ, ㄷ, ㅂ, ㅈ以外の子音が続く場合は、ㅎは発音しない。

많이 [마니]　　　　　　たくさん

괜찮아요 [괜차나요]　　大丈夫です。

→ 発音規則6 も参照

発音練習6 次の単語を発音通り書いて発音してみよう。

① 싫다 (嫌だ) 　　　　　　　　[　　　　　　　　]

② 괜찮지만 (大丈夫だが) 　　　　[　　　　　　　　]

③ 끊어요 ([電話などを] 切ります) 　[　　　　　　　　]

発音規則8

2文字パッチムの発音2

　2文字パッチムを単独で発音する場合や、後ろに子音が続く場合は、どちらか1つだけ発音する。

　　　　없다 [업따] 　　　ない・いない
　　　　읽다 [익따] 　　　読む

⇒左を読むタイプ
　　　　앉다 (座る) 　　넓다 (広い) 　　핥다 (舐める) 　　짧다 (短い)
⇒右を読むタイプ
　　　　읽다 (読む) 　　맑다 (晴れる) 　　젊다 (若い) 　　읊다 (詠む)
　　　　*읽고 (読んで) は [일꼬] と発音する
　　　　*밟다 (踏む) は ㄼ パッチムの例外で右側を発音する。

　後ろに母音が続く場合は、左側はパッチム、右側は次の文字の初めの母音と結びついて連音化する。
　　　　없어요 [업써요] 　ありません、いません
　　　　읽어요 [일거요] 　読みます

発音練習7 次の単語を発音通り書いて発音してみよう。

① 앉아요 (座ります) 　　[　　　　　　]

② 값 (値段) 　　　　　　[　　　　　　]

③ 넓어요 (広いです) 　　[　　　　　　]

発音規則9

ㄴの追加

パッチムがある語の後に야, 요などのヤ行の音で始まる語や이が続くと「ㄴ」が追加されて発音される。その際に前に来る音が[ㄱ][ㄷ][ㅂ]の場合、鼻音化も同時に起きる。

    무슨 요일 [무슨뇨일]　何曜日
    한국 요리 [한국뇨리] ⇒ [한궁뇨리]　韓国料理
    어학연수 [어학년수] ⇒ [어항년수]　語学研修

さらに、前の語のパッチムがㄹで終わっている場合、後ろにㄴが入ると側音化（ 発音規則5 ）が起きるため、ㄴはㄹに変わる。

    서울역 [서울녁] ⇒ [서울력]　ソウル駅

発音練習8 次の単語を発音通り書いて発音してみよう。

① 일본 요리 （日本料理）　　　　　[　　　　　　　　]

② 한국 유학생 （韓国の留学生）　[　　　　　　　　]

③ 한국 영화 （韓国映画）　　　　　[　　　　　　　　]

④ 알약 （丸薬）　　　　　　　　　　[　　　　　　　　]

発音規則10

代表音で連音化する場合

パッチムがある語の後に、母音아, 어, 오, 우, 위などで始まる語が続く場合、パッチムは代表音で発音され、次の母音と連音化する。

    맛없다 [마덥따]　まずい（맛：味、없다：ない）
    겉옷 [거돋]　　　上着、はおりもの（겉：上、表面　옷：服）
    숲 앞 [수밥]　　　森の前（숲：森、앞：前）

語句リスト【課別】

課	韓国語	日本語	頁
10	저	私、僕、わたくし（丁寧形）	38
10	는	は（パッチム有）	38
10	은	は（パッチム無）	38
10	학생	学生	38
10	이다	だ、である	38
10	입니다	です	38
10	입니까	ですか	38
10	어느	どちらの、どの	38
10	나라	国	38
10	사람	人、〜人	38
10	오늘	今日	38
10	토요일	土曜日	38
10	씨	さん	38
10	한국 사람	韓国人	38
10	한국	韓国	38
10	유학생	留学生	38
10	회사원	会社員	38
10	어디	どこ	38
10	어머니	母、お母さん	38
10	선생님	先生	39
10	학교	学校	39
10	회사	会社	39
10	책	本	39
10	교실	教室	39
10	이것	これ	39
10	친구	友達、友人	39
10	아버지	父、お父さん	39
10	안녕하세요	こんにちは	39
10	만나서 반갑습니다	お会いできてうれしいです	39
10	매점	売店、購買	40
11	이 아니다	ではない（パッチム）	41
11	가 아니다	ではない	41
11	이 아닙니다	ではありません	41
11	가 아닙니다	ではありません	41
11	이 아닙니까	ではありませんか	41
11	가 아닙니까	ではありませんか	41
11	간호사	看護師	41
11	도	も	41
11	식당	食堂	41
11	오빠	兄、お兄さん（妹から見て）	41
11	우체국	郵便局	41
11	이	この	42
11	언니	姉、お姉さん（妹から見て）	42
11	아니요	いいえ	42
11	일본	日本	43
11	일본 사람	日本人	43
11	누나	姉、お姉さん（弟から見て）	43
11	의사	医師	43
11	은행	銀行	43
12	에	に	44
12	가다	行く	44
12	이	が（パッチム有）	44
12	가	が（パッチム無）	44
12	언제	いつ	44
12	전철	電車	44
12	오다	来る	44
12	집	家	44
12	ㅂ니다	です・ます（語尾・パッチム無）	44
12	ㅂ니까	ですか・ますか（語尾・パッチム無）	44
12	공부하다	勉強する	44
12	바쁘다	忙しい	44
12	쉬다	休む	44
12	마시다	飲む	44
12	아프다	痛い、体調が悪い	44
12	교과서	教科書	45
12	버스	バス	45
12	운동장	運動場	45
12	가방	かばん	45
12	배	船、梨、腹	45
12	지금	今	45
12	왜	何故	45
12	필요하다	必要だ	45

12	그리고	そして	45
12	커피	コーヒー	45
12	사다	買う	45
12	그	その	45
12	다음	次、後	45
12	도서관	図書館	45
12	여동생	妹	46
12	기다리다	待つ	46
12	방	部屋	46
12	깨끗하다[깨끄타다]	きれいだ、清潔だ	46
12	매일	毎日	46
12	비	雨	46
12	비가 오다	雨が降る	46
12	역	駅	46
12	내일	明日	46
12	공항	空港	46
12	모이다	集まる	46
12	과일	果物	46
12	고기	肉	46
12	싸다	安い	46
12	나	私、僕（非丁寧形）	47
12	내가	私が（非丁寧形）	47
12	제가	私が、わたくしが （丁寧形）	47
12	누구	誰	47
12	누가	誰が	47
13	에서	で	48
13	점심	昼食	48
13	먹다	食べる	48
13	을	を（パッチム有）	48
13	를	を（パッチム無）	48
13	무엇	何	48
13	하다	する	48
13	읽다[익따]	読む	48
13	학생 식당	学生食堂	48
13	자료	資料	48
13	찾다	探す	48
13	습니다	です・ます （パッチム有）	48
13	습니까	ですか・ますか （パッチム有）	48
13	고맙다	ありがたい	48
13	웃다	笑う	48

13	좋다[조타]	よい	48
13	있다	ある、いる	48
13	작다	小さい	48
13	밥	ご飯	49
13	공부	勉強	49
13	물	水	49
13	비빔밥[비빔빱]	ビビンバ	49
13	냉면	冷麺	49
13	식사	食事	49
13	후	の後、後	49
13	리포트	レポート	49
13	숙제	宿題	49
13	불고기	プルコギ	50
13	수업	授業	50
13	발표	発表	50
13	많다[만타]	多い、多くいる	50
13	생일	誕生日	50
13	선물	プレゼント	50
13	받다	もらう、受け取る	50
13	음악	音楽	50
13	듣다	聞く	50
13	아이	子ども	50
13	경찰서	警察署	50
13	길	道	50
13	묻다	尋ねる	50
13	한국어	韓国語	50
13	재미있다	面白い	50
14	공원	公園	51
14	놀다	遊ぶ	51
14	하고	と	51
14	같이[가치]	一緒に	51
14	기숙사	寮、寄宿舎	51
14	살다	住む、暮らす	51
14	머리	髪の毛、頭	51
14	길다	長い	51
14	만들다	作る	51
14	멀다	遠い	51
14	팔다	売る	51
14	달다	甘い	51
14	알다	わかる、知っている	51
14	와	と（パッチム無）	52
14	과	と（パッチム有）	52
14	후배	後輩	52

17	금요일	金曜日	62
17	까지	まで	62
17	일	一	62
17	이	二	62
17	삼	三	62
17	사	四	62
17	오	五	62
17	육	六	62
17	칠	七	62
17	팔	八	62
17	구	九	62
17	십	十	62
17	백	百	62
17	천	千	62
17	만	万	62
17	영	零	62
17	공	ゼロ	62
17	년	年	63
17	일월	1月	63
17	이월	2月	63
17	삼월	3月	63
17	사월	4月	63
17	오월	5月	63
17	유월	6月	63
17	칠월	7月	63
17	팔월	8月	63
17	구월	9月	63
17	시월	10月	63
17	십일월	11月	63
17	십이월	12月	63
17	몇	何 (数字を尋ねる場合)	63
17	몇 월[며뭘]	何月	63
17	며칠	何日	63
17	때	〜の時	64
17	정말	本当 (に)	64
17	기대(가) 되다	楽しみだ	64
17	시험	試験	64
17	무슨	何の	64
17	날	日 (ひ)	64
17	어린이날	子どもの日	64
17	한글날[한글랄]	ハングルの日	64
17	크리스마스	クリスマス	64
17	무슨 요일[무슨뇨일]	何曜日	65
17	겨울 방학	冬休み	65
17	화요일	火曜日	65
17	수요일	水曜日	65
17	목요일	木曜日	65
17	일요일	日曜日	65
18	예요	です (パッチム無)	66
18	이에요	です (パッチム有)	66
18	호주	オーストラリア	66
18	이 아니에요	ではありません (パッチム有)	66
18	가 아니에요	ではありません (パッチム無)	66
18	경제학	経済学	66
18	우리	私たち (の)、うちの	67
18	얼마	いくら	67
18	학년[항년]	年生、学年	67
18	사랑하다	愛している、愛する	67
18	산책하다[산채카다]	散策する	67
18	따뜻하다[따뜨타다]	暖かい	67
18	조용하다	静かだ	67
18	이쪽	こちら	68
18	대학교	大学	68
18	앞으로	今後	68
18	잘 부탁하다 [잘부타카다]	よろしく頼む	68
18	가수	歌手	68
18	싫어하다[시러하다]	嫌う、嫌いだ	69
18	저	あの	69
18	한국 음식	韓国料理	69
18	뭘=무엇을	何を	69
18	편의점	コンビニエンスストア	69
18	뭐=무엇	何	69
19	에서	から (場所)	70
19	역사책	歴史の本	70
19	시간	時間	70
19	아요	です (か)、ます (か)	70
19	어요	です (か)、ます (か)	70
19	열다	開ける	70
19	입다	着る	70
19	싫다	嫌だ	70
19	호텔	ホテル	71
19	부산	プサン (釜山)	71

19	역사	歴史	71	21	하나	1、一つ	77
19	관심	関心	71	21	둘	2、二つ	77
19	특히	特に	71	21	셋	3、三つ	77
19	동아시아	東アジア	71	21	넷	4、四つ	77
19	자주	よく、頻繁に	71	21	다섯	5、五つ	77
19	저기	あそこ	71	21	여섯	6、六つ	77
19	관련	関連	71	21	일곱	7、七つ	77
19	바지	ズボン	72	21	여덟[여덜]	8、八つ	77
19	짧다[짤따]	短い	72	21	아홉	9、九つ	77
19	한라산	ハルラ (漢拏) 山	72	21	열	10、十	77
19	가장	最も、一番	72	21	스물	20	77
19	높다	高い (高さが)	72	21	개	個	77
19	아직	まだ	72	21	장	枚	77
20	배우다	学ぶ、習う	73	21	명	人、名	77
20	많이[마니]	たくさん、多く	73	21	살	歳	77
20	서다	立つ	73	21	한	1 (助数詞の前で)	77
20	켜다	つける (電気などを)	73	21	두	2 (助数詞の前で)	77
20	끝내다[끈내다]	終える	73	21	세	3 (助数詞の前で)	77
20	세다	数える	73	21	네	4 (助数詞の前で)	77
20	보다	見る	74	21	스무	20 (助数詞の前で)	77
20	주다	あげる、くれる	74	21	권	冊	78
20	되다	なる	74	21	분	分	78
20	보이다	見える、見せる	74	21	강아지	子犬	78
20	바꾸다	変える	74	21	동생	弟、妹	78
20	보내다	送る	74	21	반	半	78
20	그럼	では	75	21	에게서	(人・動物) から	78
20	소포	小包	75	21	한테	(人・動物) に	78
20	자동차	自動車	75	21	편지	手紙	79
20	꽤	かなり	75	21	메일	メール	79
20	비싸다	高い (値段が)	75	21	미안하다	すまない、 申し訳ない	79
20	카페	カフェ	76				
20	백화점[배콰점]	デパート	76	21	괜찮다[괜찬타]	大丈夫だ、構わない	79
20	보다	より	76	21	점원	店員	79
20	교통비	交通費	76	21	어서 오세요	いらっしゃいませ	79
20	앞	前	76	21	여기요	あの (呼びかけ)	79
21	잔	杯	77	21	샌드위치	サンドイッチ	79
21	주세요	ください	77	21	사과	リンゴ	79
21	시	時	77	21	남동생	弟	79
21	끝나다[끈나다]	終わる	77	21	표	切符、チケット	80
21	매달	毎月	77	21	이번	今〜、今度の	80
21	용돈	お小遣い	77	21	학기	学期	80
21	한테서	(人・動物) から	77	21	이번 학기	今学期	80
21	에게	(人・動物) に	77	21	할아버지	おじいさん、祖父	80

21	귤	ミカン	80		23	나가다	出かける	85
21	서른	30	80		23	편리하다	便利だ	85
21	마흔	40	80		23	가깝다	近い	85
21	쉰	50	80		23	고요	ですし	85
21	예순	60	80		23	옷	服	86
21	일흔	70	80		23	갈아입다	着替える	86
21	여든	80	80		23	그들	彼ら	86
21	아흔	90	80		23	노래	歌	86
21	병	本（本数）	80		23	잘하다	上手だ、よくできる	86
22	보통	普通、普段	81		23	춤	踊り	86
22	아침	朝ご飯、朝	81		23	멋있다	格好いい、素敵だ	86
22	사진	写真	81		23	실례이다	失礼だ	86
22	찍다	撮る	81		23	죄송하다	申し訳ない	86
22	정문	正門	81		23	하지만	しかし、でも	87
22	일어나다	起きる	82		23	미술관	美術館	87
22	오전	午前	82		23	한일	韓日	87
22	오후	午後	82		23	미술	美術	87
22	알바	アルバイトの略	82		23	교류전	交流展	87
22	저녁	夕方、夕食	82		23	그런데	ところで	87
22	드라마	ドラマ	82		23	어때요?	どうですか	87
22	목욕	入浴	82		23	덥다	暑い	87
22	하루 종일	一日中	83		23	습도	湿度	87
22	피곤하다	疲れている	83		23	낮다	低い	87
22	학원	塾	83		23	빨래	洗濯、洗濯物	87
22	쇼핑	ショッピング、買い物	83		23	설거지	皿洗い、食器洗い	87
					23	개	犬	88
22	쇼핑을 가다	買い物に行く	83		23	고양이	猫	88
22	일과	日課	84		23	좀	ちょっと	88
22	세수하다	顔を洗う	84		23	마음에 들다	気に入る	88
22	간식	おやつ、間食	84		23	소홀히 하다	おろそかにする	88
22	동아리	サークル	84		23	쓰리디안경	3Dメガネ	88
22	과제	課題	84		23	아침밥[아침빱]	朝ご飯	88
22	낮	昼	84		23	꼭	必ず、きっと、ぜひ	88
23	조금	少し	85		24	어학연수[어항년수]	語学研修	89
23	어렵다	難しい	85		24	고 싶다	（し）たい	89
23	지만	が、だが	85		24	싶다	→고 싶다	89
23	고	（し）て	85		24	열심히	一生懸命、熱心に	89
23	졸업하다[조러파다]	卒業する	85		24	고 있다	ている	89
23	유학	留学	85		24	가지다	持つ	89
23	비행기	飛行機	85		24	신다	履く	89
23	모자	帽子	85		24	스웨터	セーター	89
23	쓰다	かぶる、かける（帽	85		24	운동화	運動靴、スニーカー	89
		子、メガネ、傘など）			24	구두	靴	90

37	경우	場合	138	17	구	九	62
18	경제학	経済学	66	24	구두	靴	90
27	경주	キョンジュ（慶州）	102	17	구월	9月	63
13	경찰서	警察署	50	31	굽다	焼く	119
35	경치	景色	131	21	권	冊	78
32	계속	ずっと	121	39	귀국	帰国	147
41	계시다	いらっしゃる	153	31	귀엽다	かわいい	117
		（「いる」の尊敬形）		21	귤	ミカン	80
23	고	（し）て	85	12	그	その	45
24	고 싶다	（し）たい	89	27	그거=그것	それ	103
24	고 있다	ている	89	43	그동안	今まで、その間	162
36	고궁	古宮	133	23	그들	彼ら	86
12	고기	肉	46	24	그래서	それで、だから	91
15	고등학생	高校生	57	24	그래요(?)	そうです、そうですか	91
35	고르다	選ぶ	131	36	그러니까	だから	136
13	고맙다	ありがたい	48	32	그러면	それでは	121
37	고서점	古本屋、古書店	138	23	그런데	ところで	87
35	고속버스	高速バス	131	20	그럼	では	75
23	고양이	猫	88	33	그렇다[그러타]	そうだ	123
23	고요	ですし	85	12	그리고	そして	45
34	고프다	空く（おなかが）	127	27	그림	絵	103
15	고향	故郷	55	26	그분	その方	99
31	곱다	きれいだ	117	37	극장	劇場、映画館	139
37	곳	ところ、場所	139	17	금요일	金曜日	62
17	공	ゼロ	62	32	긋다	引く（線などを）	120
15	공무원	公務員	57	12	기다리다	待つ	46
13	공부	勉強	49	17	기대(가) 되다	楽しみだ	64
12	공부하다	勉強する	44	35	기르다	育てる	130
14	공원	公園	51	33	기분	気分、気持ち	126
12	공항	空港	46	34	기쁘다	嬉しい	127
42	공항 철도	空港鉄道	159	30	기사	記事	113
14	과	と（パッチム有）	52	14	기숙사	寮、寄宿舎	51
12	과일	果物	46	29	기침	咳	111
16	과자	お菓子	61	13	길	道	50
22	과제	課題	84	14	길다	長い	51
19	관련	関連	71	16	김치	キムチ	61
19	관심	関心	71	14	김치찌개	キムチチゲ	53
21	괜찮다[괜찬타]	大丈夫だ、構わない	79	42	김포 공항	金浦空港	159
12	교과서	教科書	45	33	까맣다[까마타]	黒い	124
23	교류전	交流展	87	17	까지	まで	62
15	교사	教師	57	12	깨끗하다[깨끄타다]	きれいだ、清潔だ	46
10	교실	教室	39	30	깨닫다	悟る、気づく	113
20	교통비	交通費	76			를/을 깨닫다	

39	대학원	大学院	146
41	댁	お宅	153
15	댄스	ダンス	57
35	더	形容詞、存在詞、	130
38	던	指定詞の過去連体形〜だった〜、〜かった〜	142
23	덥다	暑い	87
37	데려가다	連れて行く	139
11	도	も	41
12	도서관	図書館	45
25	도시락	弁当	96
36	도와 주다	手伝ってくれる、手伝ってあげる	135
30	도움이 되다	役に立つ	114
40	도착하다[도차카다]	到着する	151
15	독서	読書	57
28	돈	お金	106
28	돈을 찾다	お金を下ろす	106
24	돌아가다	帰る	91
31	돕다	手伝う、助ける	116
27	동대문 시장	東大門市場	104
36	동물	動物	136
21	동생	弟、妹	78
22	동아리	サークル	84
19	동아시아	東アジア	71
26	동안	の間	99
20	되다	なる	74
21	두	2（助数詞の前で）	77
21	둘	2、二つ	77
30	뒤	後ろ、裏	114
22	드라마	ドラマ	82
41	드리다	差し上げる	153
41	드시다	召し上がる	153
30	듣기	聞き取り、リスニング	114
13	듣다	聞く	50
24	들	たち（複数を表す）	92
28	들르다	立ち寄る	106
28	들어가다	入る	105
15	등산	登山	57
18	따뜻하다[따뜨타다]	暖かい	67
35	따르다	従う	130
17	때	〜の時	64

25	떠나다	発つ、出発する	93
43	떠들다	騒ぐ	163
25	떡	餅	94
33	또	また	125
31	뜨겁다	熱い	117
37	ㄹ/을	用言未来連体形語尾	137
26	라고 하다	という（パッチム無）	99
30	라디오	ラジオ	115
15	라면	ラーメン	56
43	라면	ならば（最後にパッチムがない名詞につく）	160
27	라서	なので（パッチム無）	102
28	러	（し）に（パッチム無、ㄹ語幹用言）	105
25	로	で（パッチム無、ㄹパッチム）	93
25	로	へ（パッチム無、ㄹパッチム）	93
13	를	を（パッチム無）	48
13	리포트	レポート	49
28	마감	締め切り	105
12	마시다	飲む	44
30	마음	気持ち、心	115
23	마음에 들다	気に入る	88
43	마침	ちょうど	162
21	마흔	40	80
26	막걸리	マッコリ（濁り酒）	98
16	만	だけ	59
17	만	万	62
15	만나다	会う *를/을 만나다〜に会う	56
10	만나서 반갑습니다	お会いできてうれしいです	39
14	만들다	作る	51
13	많다[만타]	多い、多くいる	50
20	많이[마니]	たくさん、多く	73
39	말	末	147
41	말	言葉、話	153
41	말씀	お言葉、お話	153
41	말씀드리다	申し上げる	153
41	말씀하시다	お話になる、おっしゃる	153

27	말하다	言う、話す	102
16	맛없다[마덥따]	まずい、おいしくない	61
16	맛있다[마싣따]/[마딛따]	美味しい	61
42	망설이다	ためらう、迷う	158
44	맞다	合う	164
37	맞추다	合わせる	139
43	매년	毎年	160
21	매달	毎月	77
12	매일	毎日	46
24	매일 밤	毎晩	91
37	매일 아침	毎朝	140
10	매점	売店、購買	40
16	맵다	辛い	61
14	머리	髪の毛、頭	51
13	먹다	食べる	48
27	먼저	先に	104
14	멀다	遠い	51
23	멋있다	格好いい、素敵だ	86
21	메일	メール	79
17	며칠	何日	63
43	면	すれば、〜たら、〜ければ（パッチム無）	160
21	명	人、名	77
17	몇	何（数字を尋ねる場合）	63
17	몇 월[며둴]	何月	63
32	모기	蚊	122
26	모두	皆、全部	97
35	모르다	わからない、知らない(-을/를 모르다)	130
34	모으다	集める	128
12	모이다	集まる	46
36	모임	集まり、〜会	134
23	모자	帽子	85
40	목도리	マフラー	151
17	목요일	木曜日	65
22	목욕	入浴	82
29	못	できない（不可能）	109
30	못 알아듣다[모다라듣따]	聞き取れない、聞き逃す	114
42	무리하다	無理する	158
31	무섭다	怖い	118
17	무슨	何の	64
17	무슨 요일[무슨뇨일]	何曜日	65
13	무엇	何	48
39	문	ドア、門	147
31	문법[문뻡]	文法	119
39	문을 닫다	閉店する（ドア・門を閉める）	147
38	문제	問題	144
43	문화	文化	162
13	묻다	尋ねる	50
13	물	水	49
35	물가[물까]	物価	132
40	물건	物、品物	151
32	물리다	刺される（虫に）、噛まれる	122
18	뭐=무엇	何	69
18	뭘=무엇을	何を	69
36	미국	アメリカ	134
23	미술	美術	87
23	미술관	美術館	87
21	미안하다	すまない、申し訳ない	79
30	믿다	信じる	113
32	밑줄	下線	120
12	ㅂ니까	ですか・ますか（語尾・パッチム無）	44
12	ㅂ니다	です・ます（語尾・パッチム無）	44
20	바꾸다	変える	74
14	바다	海	52
14	바람	風	53
12	바쁘다	忙しい	44
19	바지	ズボン	72
32	밖	外	121
21	반	半	78
43	반찬	おかず	160
13	받다	もらう、受け取る	50
31	발음	発音	116
13	발표	発表	50
33	밤	夜	126
13	밥	ご飯	49

12	방	部屋	46
17	방학	休み	62
		（学校の長期休み）	
43	방학을 하다	（学校が）休みになる	163
12	배	船、梨、腹	45
27	배가 부르다	お腹がいっぱいだ	104
20	배우다	学ぶ、習う	73
17	백	百	62
20	백화점[배콰점]	デパート	76
12	버스	バス	45
35	버튼	ボタン	132
43	벌써	もう、すでに	162
32	벗다	脱ぐ	120
36	별로	あまり、別に	136
21	병	本（本数）	80
20	보내다	送る	74
20	보다	見る	74
20	보다	より	76
20	보이다	見える、見せる	74
22	보통	普通、普段	81
26	보트	ボート	99
27	볼일[볼릴]	用事	102
25	볼펜	ボールペン	94
43	봄	春	163
44	뵙다	お目にかかる	167
		（謙譲形）	
33	부끄럽다	恥ずかしい	125
35	부르다	歌う、呼ぶ	130
26	부모님	両親、父母	99
38	부분	部分	143
19	부산	プサン（釜山）	71
14	부엌	台所	52
14	부침개	チヂミ	53
17	부터	から（時間・順序）	62
21	분	分	78
40	분홍색	ピンク色	151
34	불	灯り、電気	129
13	불고기	プルコギ	50
14	불다	吹く	53
32	붓다	注ぐ	120
32	붓다	腫れる	120
12	비	雨	46
12	비가 오다	雨が降る	46

13	비빔밥[비빔빱]	ビビンバ	49
20	비싸다	高い（値段が）	75
25	비자	ビザ	93
25	비행기표	航空券	93
23	비행기	飛行機	85
25	빌다	祈る	95
32	빌딩	ビル	122
26	빌리다	借りる	99
35	빠르다	速い	130
33	빨갛다[빨가타]	赤い	123
23	빨래	洗濯、洗濯物	87
44	빨리	速く、早く	167
14	빵	パン	53
31	뽑다	選び抜く、抜く	116
33	뿌옇다[뿌여타]	ぼやけている	123
17	사	四	62
29	사고	事故	111
21	사과	リンゴ	79
24	사귀다	付き合う、	90
		（友達を）作る	
12	사다	買う	45
10	사람	人、〜人	38
18	사랑하다	愛している、愛する	67
17	사월	4月	63
38	사이즈	サイズ	144
41	사장님	社長	156
35	사전	辞書	130
41	사정	事情	156
22	사진	写真	81
15	산	山	56
25	산지	産地	94
18	산책하다[산채카다]	散策する	67
21	살	歳	77
14	살다	住む、暮らす	51
17	삼	三	62
15	삼계탕	サムゲタン	56
17	삼월	3月	63
40	상품	商品	151
30	새	新しい〜	115
33	새까맣다	真っ黒だ	126
32	새집	新しい家	120
33	색	色	125
21	샌드위치	サンドイッチ	79

17	십일월	11月	63
24	싶다	→고 싶다	89
12	싸다	安い	46
25	쌀	米	94
23	쓰다	かぶる、かける（帽子、メガネ、傘など）	85
34	쓰다	書く、使う	127
23	쓰리디안경	3Dガネ	88
10	씨	さん	38
31	씹다	噛む	116
32	씻다	洗う	120
27	아 보세요	てみてください（陽母音語幹）	101
27	아 주세요	してください	101
44	아/어 주다	てくれる	167
14	아기	赤ちゃん	53
44	아까	さっき、先ほど	164
11	아니요	いいえ	42
16	아르바이트	アルバイト	59
31	아름답다	美しい	119
24	아무것도	何も	92
25	아무도	誰も	94
10	아버지	父、お父さん	39
27	아서	て、ので	101
33	아서/어서 그렇다	だからそうだ	125
19	아요	です（か）、ます（か）	70
13	아이	子ども	50
14	아이스크림	アイスクリーム	53
14	아주	とても	53
19	아직	まだ	72
22	아침	朝ご飯、朝	81
23	아침밥[아침빱]	朝ご飯	88
32	아파트	マンション、アパート	121
12	아프다	痛い、体調が悪い	44
21	아홉	9、九つ	77
21	아흔	90	80
16	안	しない、くない	58
10	안녕하세요	こんにちは	39
27	앉다	座る	101
14	알다	わかる、知っている	51
22	알바	アルバイトの略	82
30	알아듣다	聞き取る	114
26	았	補助語幹（過去）	97
20	앞	前	76
18	앞으로	今後	68
15	야구 관전	野球観戦	57
25	약	薬	93
42	약속	約束	157
25	약을 먹다	薬を飲む	93
43	양	量	163
27	어 보세요	てみてください（陰母音語幹）	101
27	어 주세요	してください	101
10	어느	どちらの、どの	38
10	어디	どこ	38
44	어디서	どこで	164
23	어때요?	どうですか	87
41	어떻게	どのように	153
33	어떻다	どうだ	123
17	어린이날	子どもの日	64
23	어렵다	難しい	85
44	어리다	幼い	166
32	어머	あら、まあ	121
10	어머니	母、お母さん	38
27	어서	て、ので	101
21	어서 오세요	いらっしゃいませ	79
19	어요	です（か）、ます（か）	70
33	어울리다	似合う	125
25	어제	昨日	93
36	어젯밤[어제빰/어젣빰]	昨夜	136
24	어학연수[어항년수]	語学研修	89
11	언니	姉、お姉さん（妹から見て）	42
12	언제	いつ	44
15	언제나	いつも	57
38	언제든지	いつでも	143
30	얻다	得る	113
33	얼굴	顔	123
33	얼굴색	顔色	123
18	얼마	いくら	67
30	얼마나	どのくらい	113
16	없다	ない、いない	59
26	었	補助語幹（過去）	97
12	에	に	44
38	에 대한	に対する	143

43	으면	すれば、〜たら、〜ければ（パッチム有）	160
40	으세요	お〜なさいます（パッチム有）	149
42	으세요	お〜てください（パッチム有）	157
40	으시	補助語幹（尊敬・パッチム有）	149
40	으십니다	お〜なさいます（パッチム有）	149
10	은	は（パッチム無）	38
11	은행	銀行	43
13	을	を（パッチム有）	48
16	음식	食べ物、料理	58
13	음악	音楽	50
15	음악 감상	音楽鑑賞	57
30	의[에]	の	113
35	의견	意見	132
30	의미	意味	113
11	의사	医師	43
11	이	この	42
12	이	が（パッチム有）	44
17	이	二	62
11	이 아니다	ではない（パッチム）	41
18	이 아니에요	ではありません（パッチム有）	66
11	이 아닙니까	ではありませんか	41
11	이 아닙니다	ではありません	41
44	이거=이것	これ	164
10	이것	これ	39
44	이나	や（パッチム有）	166
10	이다	だ	38
26	이라고 하다	という（パッチム有）	99
43	이라면	ならば（最後にパッチムがある名詞につく）	160
27	이라서	なので（パッチム有）	102
32	이렇게	このように、こんなに	121
40	이미	もう、すでに（過ぎたことについて）	151
21	이번	今〜、今度の	80
43	이번 주[이번쭈]	今週	160

21	이번 학기	今学期	80
41	이분	この方	154
30	이야기	話	115
25	이야기하다	話す	94
18	이에요	です（パッチム有）	66
17	이월	2月	63
41	이유	理由	156
29	이제	今は、もう	111
29	이제부터	これから、今から	111
18	이쪽	こちら	68
42	이해하다	理解する	158
35	인기[인끼]	人気	131
35	인기가 많다	人気が高い	131
17	일	日	62
17	일	一	62
29	일	仕事、用事	109
21	일곱	7、七つ	77
22	일과	日課	84
34	일기	日記	129
11	일본	日本	43
11	일본 사람	日本人	43
27	일본어	日本語	101
22	일어나다	起きる	82
17	일요일	日曜日	65
17	일월	1月	63
30	일주일	1週間	115
26	일찍	早く	100
16	일하다	働く、仕事する	59
21	일흔	70	80
13	읽다[익따]	読む	48
10	입니까	ですか	38
10	입니다	です	38
19	입다	着る	70
33	입어 보다	着てみる	125
31	입에 맞다	口に合う	118
39	입학하다[이파카다]	入学する	146
32	잇다	継ぐ	121
13	있다	ある、いる	48
42	잊다	忘れる	157
16	자다	寝る	61
20	자동차	自動車	75
13	자료	資料	48
35	자르다	切る	131

語句リスト【日韓】

	（妹から見て）		
18	あの	저	69
21	あの（呼びかけ）	여기요	79
14	甘い	달다	51
36	あまり、別に	별로	136
27	あまりに	너무	104
12	雨	비	46
12	雨が降る	비가 오다	46
36	アメリカ	미국	134
32	あら、まあ	어머	121
32	洗う	씻다	120
13	ありがたい	고맙다	48
13	ある、いる	있다	48
30	歩く	걷다	113
16	アルバイト	아르바이트	59
22	アルバイトの略	알바	82
37	合わせる	맞추다	139
11	いいえ	아니요	42
27	言う、話す	말하다	102
12	家	집	44
31	家を探すこと、	집 찾기	118
	家探し		
12	行く	가다	44
18	いくら	얼마	67
35	意見	의견	132
11	医師	의사	43
12	忙しい	바쁘다	44
35	急ぐ	서두르다	131
12	痛い、体調が悪い	아프다	44
17	一（いち）	일	62
17	1月	일월	63
27	一度	한번	101
22	一日中	하루 종일	83
27	市場	시장	104
12	いつ	언제	44
30	1週間	일주일	115
24	一生懸命、熱心に	열심히	89
14	一緒に	같이[가치]	51
21	五つ、5	다섯	77
26	行ってくる	갔다 오다	99
24	行ってみる	가 보다	91
38	いつでも	언제든지	143
15	いつも	언제나	57

33	いつも	늘	126
23	犬	개	88
42	居眠りする	졸다	159
25	祈る	빌다	95
12	今	지금	45
29	今は、もう	이제	111
43	今まで、その間	그동안	162
30	意味	의미	113
12	妹	여동생	46
19	嫌だ	싫다	70
41	いらっしゃる	계시다	153
	（「いる」の尊敬形）		
21	いらっしゃいませ	어서 오세요	79
33	色	색	125
33	上	위	126
43	植える	심다	163
13	受け取る、もらう	받다	50
30	後ろ、裏	뒤	114
23	歌	노래	86
35	歌う、呼ぶ	부르다	130
31	美しい	아름답다	119
32	腕	팔	122
25	うまくいく	잘되다	95
14	海	바다	52
14	売る	팔다	51
32	うるさい	시끄럽다	121
34	嬉しい	기쁘다	127
16	運転する	운전하다	58
24	運動靴、スニーカー	운동화	89
12	運動場	운동장	45
16	運動する	운동하다	61
27	絵	그림	103
32	エアコン、クーラー	에어컨	121
15	映画	영화	57
12	駅	역	46
31	選び抜く、抜く	뽑다	116
35	選ぶ	고르다	131
30	得る	얻다	113
26	演劇	연극	98
42	お～ください	세요	157
42	お～てください	으세요	157
40	お～なさいます	십니다	149
	（パッチム無）		

29	風邪	감기	111
29	風邪をひく	감기에 걸리다	111
32	下線	밑줄	120
20	数える	세다	73
26	家族	가족	97
22	課題	과제	84
17	～月（がつ）	월	62
30	学会誌	학회지[하쾨지]	115
21	学期	학기	80
10	学校	학교	39
23	格好いい、素敵だ	멋있다	86
34	悲しい	슬프다	128
20	かなり	꽤	75
12	かばん	가방	45
20	カフェ	카페	76
23	かぶる、かける	쓰다	85
	（帽子、メガネ、		
	傘など）		
14	髪の毛、頭	머리	51
31	嚙む	씹다	116
36	亀	거북이	136
17	火曜日	화요일	65
17	から（時間・順序）	부터	62
19	から（場所）	에서	70
21	から（人・動物）	한테서	77
21	から（人・動物）	에게서	78
33	カラーリングをする	염색을 하다	126
16	辛い	맵다	61
26	借りる	빌리다	99
23	彼ら	그들	86
31	かわいい	귀엽다	117
27	代わり	대신	103
39	考え、つもり	생각	146
28	考えてみる	생각해 보다	106
		[생가캐보다]	
10	韓国	한국	38
13	韓国語	한국어	50
36	韓国語	한국말[한궁말]	134
10	韓国人	한국 사람	38
18	韓国料理	한국 음식	69
24	韓国料理	한국 요리[한궁뇨리]	90
11	看護師	간호사	41
27	漢字	한자[한짜]	103

40	感じ、感触	느낌	151
19	関心	관심	71
30	完全に	완전히	115
23	韓日	한일	87
24	韓服	한복	90
19	関連	관련	71
33	黄色い	노랗다[노라타]	124
23	着替える	갈아입다	86
30	聞き取り、リスニング	듣기	114
30	聞き取る	알아듣다	114
30	聞き取れない、	못 알아듣다	114
	聞き逃す	[모다라듣따]	
13	聞く	듣다	50
39	帰国	귀국	147
30	記事	기사	113
21	切符、チケット	표	80
33	着てみる	입어 보다	125
23	気に入る	마음에 들다	88
25	昨日	어제	93
33	気分、気持ち	기분	126
16	キムチ	김치	61
14	キムチチゲ	김치찌개	53
30	気持ち、心	마음	115
26	休講	휴강	97
21	90	아흔	80
14	牛乳	우유	53
10	今日	오늘	38
12	教科書	교과서	45
15	教師	교사	57
10	教室	교실	39
26	去年	작년[장년]	99
27	キョンジュ（慶州）	경주	102
18	嫌う、嫌いだ	싫어하다[시러하다]	69
35	切る	자르다	131
19	着る	입다	70
29	きれいだ	예쁘다	110
31	きれいだ	곱다	117
12	きれいだ、清潔だ	깨끗하다[깨끄타다]	46
32	気を付ける	조심하다	121
11	銀行	은행	43
42	金浦空港	김포 공항	159
17	金曜日	금요일	62
17	九	구	62

39	大学院	대학원	146
15	大学生	대학생	57
25	大使館	대사관	93
21	大丈夫だ、構わない	괜찮다[괜찬타]	79
14	台所	부엌	52
27	大変だ、つらい	힘들다	101
44	だが、〜が	ㄴ데	167
20	高い（値段が）	비싸다	75
19	高い（高さが）	높다	72
36	だから	그러니까	136
33	だからそうだ	아서/어서 그렇다	125
32	炊く	짓다	120
20	たくさん、多く	많이[마니]	73
28	タクシー	택시	108
16	だけ	만	59
13	尋ねる	묻다	50
24	たち（複数を表す）	들	92
28	立ち寄る	들르다	106
20	立つ	서다	73
25	発つ、出発する	떠나다	93
32	建てる	짓다	120
43	楽しい	즐겁다	162
17	楽しみだ	기대(가) 되다	64
16	食べ物、料理	음식	58
13	食べる	먹다	48
42	ためらう、迷う	망설이다	158
12	誰	누구	47
12	誰が	누가	47
25	誰も	아무도	94
30	単語	단어	113
13	誕生日	생일	50
15	ダンス	댄스	57
13	小さい	작다	48
27	チェジュ（済州）島	제주도	101
34	チェックする	체크하다	128
23	近い	가깝다	85
29	チケット	티켓	110
41	遅刻する	지각하다	156
10	父、お父さん	아버지	39
14	チヂミ	부침개	53
16	中	중	61
15	中学生	중학생	57
13	昼食	점심	48
16	注文	주문	59
43	ちょうど	마침	162
23	ちょっと	좀	88
31	つかむ、握る	잡다	116
22	疲れている	피곤하다	83
12	次、後	다음	45
24	付き合う、（友達を）作る	사귀다	90
32	継ぐ	잇다	121
33	机	책상	126
14	作る	만들다	51
20	つける（電気などを）	켜다	73
15	釣り	낚시	57
37	連れて行く	데려가다	139
32	手	손	122
13	で	에서	48
25	で（パッチム有）	으로	93
25	（パッチム無、ㄹパッチム）	로	93
27	て、ので	아서	101
27	て、ので	어서	101
35	程度、くらい	정도	131
24	ている	고 있다	89
23	出かける	나가다	85
21	手紙	편지	79
29	できない（不可能）	못	109
29	できない（不可能）	지 못하다	109
43	できる、生じる	생기다	162
25	テグ（大邱）地名	대구	94
44	てくれる	아/어 주다	167
10	です	입니다	38
19	です（か）、ます（か）	아요	70
19	です（か）、ます（か）	어요	70
18	です（パッチム有）	이에요	66
18	です（パッチム無）	예요	66
34	です、ですか（名詞や副詞などについて丁寧さを加える）	요(?)	128
12	です・ます（語尾・パッチム無）	ㅂ니다	44
13	です・ます（パッチム有）	습니다	48
10	ですか	입니까	38

208

会話文の日本語訳

第10課　私は学生です。

ミンギ：こんにちは。キムミンギです。

ユ　リ：こんにちは。私は田中ユリです。
　　　　ミンギさんはどちらの国の人ですか。

ミンギ：私は韓国人です。

ユ　リ：会えて嬉しいです。

第11課　先生ではありません。

ユ　リ：この人は姉です。

ミンギ：ユリさんのお姉さんは会社員ですか。

ユ　リ：いいえ、会社員ではありません。先生
　　　　です。

ミンギ：この人はお兄さんですか。

ユ　リ：いいえ、兄ではありません。父です。

ミンギ：お父さんも先生ですか。

ユ　リ：いいえ、父は先生ではありません。

第12課　売店に行きます。

ユ　リ：ミンギさん、どこに行きますか。

ミンギ：私は今売店に行きます。

ユ　リ：売店になぜ行きますか。

ミンギ：教科書が必要です。そしてコーヒーも
　　　　買います。

ユ　リ：その後どこに行きますか。

ミンギ：図書館にも行きます。友達が来ます。

第13課　食堂で昼食を食べます。

ミンギ：昼食はどこで食べますか。

ユ　リ：学生食堂で食べます。

ミンギ：何を食べますか。

ユ　リ：ビビンバを食べます。

ミンギ：私は冷麺がいいです。

ユ　リ：食事の後に何をしますか。

ミンギ：図書館で資料を探します。レポートの
　　　　宿題があります。

第14課　友達と公園で遊びます。

ユ　リ：ミンギさんはどこに住んでいますか。

ミンギ：私は留学生寮に住んでいます。

ユ　リ：食事はミンギさんが作りますか。

ミンギ：はい、毎日、寮の台所で作ります。

ユ　リ：週末には何をしますか。

ミンギ：主に友達と公園で遊びます。

第15課　復習（第10課〜第14課）

（1）文型練習

・留学生ですか。
　－はい、韓国の留学生です。

・日本人ですか。
　－はい、日本人です。

・先生ですか。
　－いいえ、私は先生ではありません。

・学校ではありませんか。
　－はい、学校ではありません。

・どこに行きますか。
　－本屋に行きます。

・何を買いますか。
　－本を買います。

・何を食べますか。
　－プルゴギを食べます。

・新聞を読みますか。
　－いいえ、小説を読みます。

・何を作りますか。
　－キムチチゲを作ります。

・家が遠いですか。
　－はい、とても遠いです。

（2）助詞

・故郷はどこですか。
　－故郷はソウルです。

・趣味は何ですか。
　－趣味は旅行です。

・お兄さんも学生ですか。

ーいいえ、兄は会社員です。

・友達も一緒に行きますか。
　ーはい、友達も一緒に行きます。

・どこに行きますか。
　ー図書館に行きます。

・教室にいますか。
　ーいいえ、家にいます。

・友達が家に来ますか。
　ーはい、家に友達が来ます。

・昼食は何がいいですか。
　ー私はラーメンがいいです。

・友達を待っていますか。
　ーはい、韓国の友達を待っています。

・何を食べますか。
　ーサムゲタンを食べます。

・お父さんとお母さんは今どこにいますか。
　ー父と母は今家にいます。

・山と海、どこが良いですか。
　ー山と海、全部良いです。

・どこでご飯を食べますか。
　ー学生食堂で食べます。

・駅で誰を待ちますか。
　ー友達と駅で会います。

第16課　今日は学校に行きません。

ユ　リ：ミンギさん、今日、学校に行きませんか。

ミンギ：はい、今日は学校に行きません。授業がありません。

ユ　リ：食堂のアルバイトも休みますか。

ミンギ：いいえ、アルバイトは休みません。

ユ　リ：食堂で料理も作りますか。

ミンギ：いいえ、私は料理を作りません。注文だけ受けます。

第17課　3日から5日まで韓国に行きます。

ミンギ：夏休みはいつからですか。

ユ　リ：7月26日からです。

ミンギ：休みの時、何をしますか。

ユ　リ：友達と韓国に行きます。

ミンギ：いつからいつまで行きますか。

ユ　リ：9月7日から10日まで行きます。

本当に楽しみです。

第18課　留学生です。

ミンギ：こちらは私の友達です。

ユ　リ：こんにちは。私はユリです。

シャーロン：こんにちは。私はシャーロンです。オーストラリアの留学生です。

ユ　リ：シャーロンさんはどの大学で勉強していますか。

シャーロン：私は江戸大学で経済学を勉強しています。

ユ　リ：これからよろしくお願いします。

第19課　何の本を探していますか。

ミンギ：何の本を探していますか。

ユ　リ：歴史の本を探しています。

ミンギ：歴史に関心がありますか
　　　　（関心が高いですか）。

ユ　リ：はい、特に東アジアの歴史の本をよく読みます。

ミンギ：ここからあそこまでが歴史関連資料です。

第20課　友達に会います。

ミンギ：どこに行きますか。

ユ　リ：学校の売店に行きます。

ミンギ：では、一緒に行きましょう。私は売店で友達に会います。

ユ　リ：私はコーヒーを買います。ミンギさんは友達と何をしますか。

ミンギ：友達とコーヒーを飲みます。ユリさんも一緒に飲みましょう。

第21課　コーヒー2杯ください。

ミンギ：ユリさん、私たち一緒にコーヒー飲みましょう。

ユ　リ：ごめんなさい。まだ授業があります。

ミンギ：では、いつがいいですか。

ユ　リ：3時に授業が終わります。
　　　　　3時半にカフェで会いましょう。

　―カフェで―

店　員：いらっしゃいませ。

ミンギ：あの、コーヒー2杯ください。
　　　　　そしてサンドイッチも一つください。

第22課　復習（第16課～第22課）

・今日、学校に行きますか。
　　―いいえ、今日は学校に行きません。

・毎朝、何を食べますか。
　　―私は普段朝ご飯を食べません。

・いつ韓国に行きますか。
　　―3日から5日まで行きます。

・誕生日はいつですか。
　　―6月12日です。

・ミンギさんは留学生ですか。
　　―はい、韓国の留学生です。

・何を勉強していますか。
　　―韓国語を勉強しています。

・何の本を探していますか。
　　―歴史の本を探しています。

・どこで写真を撮りますか。
　　―学校の正門の前で撮ります。

・日曜日に何をしますか。
　　―友達に会います。

・ここで何をしていますか。
　　―姉を待っています。

・何歳（いくつ）ですか。
　　―20歳です。

・授業は何時からですか。
　　―10時50分からです。

第23課　少し難しいけど面白いです。

ミンギ：ユリさん、今日、時間ありますか。

ユ　リ：いいえ、午前には韓国語の授業があっ
　　　　　て、午後にはサークルがあります。そ
　　　　　して、夕方にはバイトもありますし。

でも、明日は時間があります。

ミンギ：では、明日一緒に美術館に行きましょ
　　　　　う。日韓美術交流展があります。

ユ　リ：はい、いいですよ。

ミンギ：ところで、最近韓国語の勉強はどうで
　　　　　すか。

ユ　リ：少し難しいけど楽しいです。

第24課　韓国に語学研修に行きたいです。

ミンギ：ユリさんは冬休みの時、何をしますか。

ユ　リ：私は今度の冬休みの時に韓国に語学
　　　　　研修に行きたいです。
　　　　　それで、今一生懸命韓国語を勉強して
　　　　　います。

ミンギ：そうですか。私も休みの時故郷に帰り
　　　　　ます。

ユ　リ：ミンギさんの故郷にも行ってみたいで
　　　　　す。

ミンギ：いいですよ。うちにも来てください。

ユ　リ：本当にいいのですか?楽しみです。

第25課　ビザを受け取りました。

ミンギ：留学準備はうまくいっていますか。

ユ　リ：はい、昨日韓国大使館でビザを受け取
　　　　　りました。

ミンギ：韓国へいつ発ちますか。

ユ　リ：来週飛行機で韓国に行きます。火曜日
　　　　　のチケットを予約しました。少し心配
　　　　　ですが、留学生活が本当に楽しみです。

ミンギ：健闘を祈ります。

ユ　リ：はい、ありがとうございます。

第26課　日本から来ました。

ユ　リ：皆さん、こんにちは。私は田中ユリと
　　　　　いいます。日本から来ました。日本で
　　　　　韓国語を少し習いましたが、まだ下手
　　　　　です。それで休みの間、ソウルで韓国
　　　　　語を勉強しています。よろしくお願い
　　　　　します。

第27課　宿題が多くて大変です。

ユ　リ：ミンギさん、留学生活は楽しいですか。

ミンギ：楽しいけど、宿題が多くて大変です。
　　　　漢字も難しいし、レポートも多いです。
　　　　ユリさんが日本語をちょっと教えてくだ
　　　　さい。

ユ　リ：いいですよ。では今度会って一緒に勉
　　　　強しましょう。

ミンギ：ありがとうございます。ところで、ユリ
　　　　さん、忙しくありませんか。

ユ　リ：大丈夫です。その代わり、ミンギさん
　　　　は私に韓国語を教えてください。

ミンギ：それは良いですね。一緒に一生懸命勉
　　　　強しましょう。

第28課　韓国語を学びに来ました。

ミンギ：ユリさんはいつ韓国に来ましたか。

ユ　リ：去年来ました。

ミンギ：韓国は初めてですか。

ユ　リ：いいえ、大学1年の時に韓国語を学び
　　　　に語学研修に来ました。ところが、韓
　　　　国の生活が楽しくて卒業して留学でま
　　　　た来ました。

ミンギ：勉強は難しくありませんか。

ユ　リ：少し難しいけど友達がたくさん教えてく
　　　　れるから大丈夫です。

第29課　一生懸命勉強します。

ユ　リ：昨日風邪を引いて学校に行けませんで
　　　　した。

ミンギ：もう大丈夫ですか。

ユ　リ：はい、熱も下がったし、咳も出ません。
　　　　ところで試験勉強ができなかったので
　　　　心配です。

ミンギ：私も勉強できませんでした。試験は明
　　　　日だから今から一生懸命やりましょう。

ユ　リ：はい、じゃあ、これから図書館に行っ
　　　　て一生懸命やります。

第30課　韓国の歌を聞きます。

ユ　リ：ミンギさん、今何をしていますか。

ミンギ：部屋で日本のニュースを聞いています。

ユ　リ：日本語のニュースを全て聞き取れます
　　　　か。

ミンギ：すべては聞き取れないけど、毎日聞い
　　　　ているのでリスニングの勉強にとても
　　　　役立っています。

ユ　リ：私は昔韓国の歌をよく聞いていました。
　　　　最近は時間がなくてあまり聞くことが
　　　　できません。

第31課　最近寒いです。

ユ　リ：ようこそ。家を探すことは難しくありま
　　　　せんでしたか。

ミンギ：実は家をうまく見つけられなくて警察
　　　　署で道を尋ねました。

ユ　リ：ようこそいらっしゃいました。私の母が
　　　　キムチチゲを作りました。私も少し手
　　　　伝いました。一緒に食べましょう。

ミンギ：ありがとうございます。ユリさんはお母
　　　　さんをよく手伝っていますか。

ユ　リ：いいえ、授業が多くて忙しいからたまに
　　　　（だけ）手伝います。ところでキムチチ
　　　　ゲは口に合いますか。辛くありません
　　　　か。

ミンギ：少し辛いけどとても美味しいです。

第32課　新しい家を建てます。

ユ　リ：どうしてこんなに外がうるさいですか。

ミンギ：うちの隣にマンションを建てています。
　　　　それで朝から夕方まで窓を開けること
　　　　ができません。

ユ　リ：あら、こんな天気に…暑くありませ
　　　　んか。

ミンギ：暑くて最近ずっとエアコンをつけて暮ら
　　　　しています。

ユ　リ：それでは風邪を引きますよ。夏の風邪
　　　　はよく治りません（治りにくいです）。気

を付けてください。

ミンギ：はい、ありがとうございます。

第33課　この服どうですか。

ミンギ：ユリさん、この服どうですか。私に似合っていますか。

ユ　リ：とても素敵です。ミンギさんは肌が白いので全てよく似合っています。

ミンギ：ありがとうございます。冬のシャツがないので買いたかったです。

ユ　リ：ところでミンギさん、どうして顔が赤いのですか。

ミンギ：ユリさんに褒められて少し恥ずかしいからです。

ユ　リ：このズボンはどうですか。その新しいシャツと一緒に着てみてください。色がとてもきれいです。

ミンギ：今日はシャツだけ買って、次にズボンを買います。ユリさん、また一緒に来て見てください。

第34課　おなかが空いています。

ユ　リ：ミンギさん、昼ご飯食べましたか。

ミンギ：まだ食べていません。

ユ　リ：では学食に行って一緒に食べましょう。お腹がとても空いています。

ミンギ：ところでユリさん、レポートは全て書きましたか。

ユ　リ：はい、書きました。でも自信がなくて心配です。

ミンギ：では、私が韓国語をチェックしますよ。

ユ　リ：本当ですか。嬉しいです。ありがとうございます。

第35課　KTXがもっと速いです。

ユ　リ：ミンギさん、今度の休みの時に日本から私の家族が来ます。皆で一緒に釜山に旅行に行きたいです。

ミンギ：いいですね。

ユ　リ：はい、本当に嬉しいです。ところで、ソウルから釜山まで高速バスでどれくらいかかりますか。

ミンギ：KTXの方がより楽で速いです。KTXでは3時間程度です。

ユ　リ：知りませんでした。ありがとうございます。

ミンギ：釜山は料理もおいしいし、景色もよくて人気が高いので、予約を急いでください。

第36課　復習（第23課〜第35課）

（1）文型練習

・明日友達と何をしますか。

　ー映画も見て食事もします。

・韓国語の勉強はどうですか。

　ー難しいけどとても面白いです。

・今何をしていますか。

　ー部屋で歌を聞いています。

・韓国で何をしたいですか。

　ー古宮で韓服を着て写真を撮りたいです。

・教室に誰がいましたか。

　ー教室には誰もいませんでした。

・昨日何をしましたか。

　ー大使館でビザを受け取りました。

・大阪から東京まで何に乗って来ましたか。

　ー先週飛行機で来ました。

・先週何をしましたか。

　ー妹と久しぶりに映画を見ました。

・お姉さんは昔から歌が上手でしたか。

　ー私の姉は元々歌手でした。

・韓国語を上手になりたいです。

　ー毎日韓国の新聞を読んでみてください。

・すみませんが、先生いますか。

　ーここでしばらく待っていてください。

・昼ご飯は韓国料理、どうですか。

　ーいいですね。私はビビンバが好きでよく食べます。

・今日、時間ありますか。

ーごめんなさい。今日は忙しいから明日来て
　ください。
・アメリカにはなぜ来ましたか。
　ー英語を学びに語学研修に来ました。
・明日の集まりに来られないですか。
　ー故郷から友達が来るので行けません。
・今度の旅行は車で一緒に行きましょう。
　ーごめんなさい。私は運転ができません。
・明日の試験勉強しましたか。
　ーいいえ、今から図書館に行って一生懸命や
　　ります。

（2）文型練習：変則活用
・今ラジオで何を聞いていますか。
　ー韓国のニュースを聞いています。
・この単語の意味を教えてください。
　ー私もわからないので先生に聞いてみてくだ
　　さい。
・キムチチゲ辛くないですか。
　ー少し辛いけどとてもおいしいです。
・この料理、ユリさんがすべて作ったのですか。
　ーいいえ、友達がたくさん手伝ってくれまし
　　た。
・風邪はどうですか。
　ー薬を飲んですっかり治りました。
・外がとてもうるさいです。
　ーはい、うちの隣に新しい家を建てています。
・この服、どうですか。
　ーとてもかわいいです。だから買って着てみて
　　ください。
・窓の外が白いです。
　ー昨夜雪が降って、世界が白いです。
・最近会社の仕事がとても忙しいですか。
　ーいいえ、最近はあまり忙しくありません。
・友達からプレゼントをもらってとてもうれしい
　です。
　ーいいですね。誕生日でしたか。
・毎日日記を書きますか。
　ーいいえ、時々書きます。

・その人の家を知っていますか。
　ーいいえ、電話番号は知っていますが、家は
　　知りません。
・家で亀を飼っていますか。
　ー私は動物が好きで、犬と猫も飼っています。

第37課　音楽（を）聞くことが好きです。

ユ　リ：ミンギさん、週末に何をしましたか。
ミンギ：私は釜山から来た友達に会って面白い
　　　　演劇を観ました。
ユ　リ：そうですか。私も観たいです。
ミンギ：大学路にある劇場でやっています。来
　　　　月にも観る予定です。
ユ　リ：来月には私も連れて行ってください。
ミンギ：では時間を合わせて一緒に行きま
　　　　しょう。

第38課　温かいコーヒーを飲みます。

ユ　リ：ミンギさん、ここは私がよく来ていた
　　　　カフェです。温かいコーヒー1杯飲みま
　　　　しょう。私が買います。
ミンギ：ありがとうございます。ところで何かい
　　　　いことあるんですか。
ユ　リ：いいえ、前回の講義の内容を教えてく
　　　　れたことに対する小さな気持ちです。
ミンギ：勉強する時難しい部分はいつでも尋ね
　　　　て下さい。
ユ　リ：いつも忙しい時に尋ねてごめんなさい。

第39課　夕方雨が降りそうです。

ミンギ：ユリさん、明日何をしますか。
ユ　リ：市場に行って故郷に持っていくお土産
　　　　を買うつもりです。
ミンギ：一人で行くのですか。
ユ　リ：はい、友達はみんな時間がないようです。
　　　　明日から帰国準備でとても忙しそうです。
ミンギ：市場はほかの店より早く閉店するみた
　　　　いです。朝早くいく必要があります。
ユ　リ：朝から行ってたくさん買うつもりです。ミ

ンギさんがちょっと手伝って下さい。

第40課　先生は何時に学校にいらっしゃいますか。

店員：お客様、お探しの品物がおありですか。

顧客：祖母のお誕生日プレゼントを買いたいです。

店員：このピンクのマフラーはいかがですか。

顧客：色もいいし、温かい感じですね。おばあちゃんがお好きな色がピンクです。

店員：この商品はとても人気が高いです。おばあ様も喜ばれるでしょう。

第41課　昼食、召し上がりましたか。

ユリ：先生、今日の午後お時間おありですか。

先生：はい、大丈夫です。ところで何か用がありますか。

ユリ：申し上げたいことがあるのですが（あるからです）。

先生：では1時頃はどうですか。

ユリ：申し訳ありません。授業が1時40分に終わります。2時頃には研究室にいらっしゃらないですか。

先生：いいえ、大丈夫です。では2時に来てください。

第42課　心配なさらないでください。

ミンギ：ユリさん、明日の講演会一緒に行きましょう。

ユ　リ：行きたいけど内容が難しくて理解できなさそうです。

ミンギ：私がいるから心配なさらないでください。

ユ　リ：では、たくさん教えてください。

ミンギ：わからないことはためらわずにいつでも尋ねてください。

ユ　リ：ありがとうございます。よろしくお願いします。

第43課　今度日本に来たら。

ユ　リ：私、今度の週末に日本へ帰ります。

ミンギ：もう一年が過ぎましたか？韓国での留学生活はどうでしたか。

ユ　リ：本当に楽しかったです。友達もたくさんできたし、韓国文化についてもたくさん知りました。歴史もわかればもっとよさそうです。

ミンギ：時間があれば韓国にまたいらしてください。

ユ　リ：この間ありがとうございました。日本にきたら必ず連絡下さい。

ミンギ：ちょうど来週に日本に行くので到着したら連絡します。

ユ　リ：日本に何の用事で？

ミンギ：実は好きな人ができたんですよ。

第44課　復習（第37課～第43課）

文型練習

・ユリさんは何が好きですか。
　ー私は韓国の歌を聞くことが好きです。

・さっき食べたパン、おいしかったです。どこで買ったのですか。
　ー駅の前にある店で買いました。

・温かいお茶、一杯どうですか。
　ー私は温かいコーヒーを一杯飲みます。

・服が合いますか。
　ーもう少し小さいサイズはありませんか。

・明日時間がありますか。
　ーいいえ、明日は少し忙しいと思います。

・休みに何をしますか。
　ー韓国に旅行に行く予定です。

・おばあさんは、どんなお茶が好きですか。
　ーこれ、うちの祖母がお好きな緑茶です。

・先生はどこにお住まいですか。
　ー私は横浜に住んでいます。

・お名前は何とおっしゃいますか。
　ー田中ユリです。

・昼食は召し上がりましたか。

－はい、食堂で食べました。

・講演会は何時からですか。

　　－1時半からです。遅れないでください。

・韓国語の発音がすごく難しいです。

　　－毎日一生懸命練習してください。

・韓国料理はおいしいですが辛いです。

　　－辛すぎたら残してください。

・あそこにいる髪が長い女性をご存じですか。

　　－はい、ミンギさんの妹です。

稲毛恵（いなげ めぐみ）
東京女子大学他講師

姜勝薫（かん すんふん）
東京女子大学他講師

永原歩（ながはら あゆみ）
東京女子大学准教授

初級テキスト
韓国語の友

2022 年 4 月 8 日　初版発行
2023 年 3 月 30 日　2 刷発行

著　者　　稲毛恵・姜勝薫・永原歩
発行者　　佐藤和幸
発行所　　株式会社　白帝社
　　　　　〒 171-0014 東京都豊島区池袋 2-65-1
　　　　　電話 03-3986-3271　FAX 03-3986-3272
　　　　　https://www.hakuteisha.co.jp
組　版　　（株）アイ・ビーンズ
印刷・製本　　ティーケー出版印刷

本文イラスト　長岡理恵
表紙デザイン　（株）アイ・ビーンズ

Printed in Japan〈検印省略〉　　ISBN 978-4-86398-455-4
＊定価は表紙に表示してあります。